新课标
新语文
新学习
丛书

根据 2017 年版《普通高中语文课程标准》编写

丛书主编 褚树荣

本册主编 顾乐波

U0849445

学习任务群

17

研讨 跨文化专题

美美与共

上海教育出版社
SHANGHAI EDUCATIONAL
PUBLISHING HOUSE

丛书主编 褚树荣

本册主编 顾乐波

本册编委 顾乐波　岑　颖　陈妍雯
　　　　　　潘瑶菁　徐淑芳　林曼华

目 录

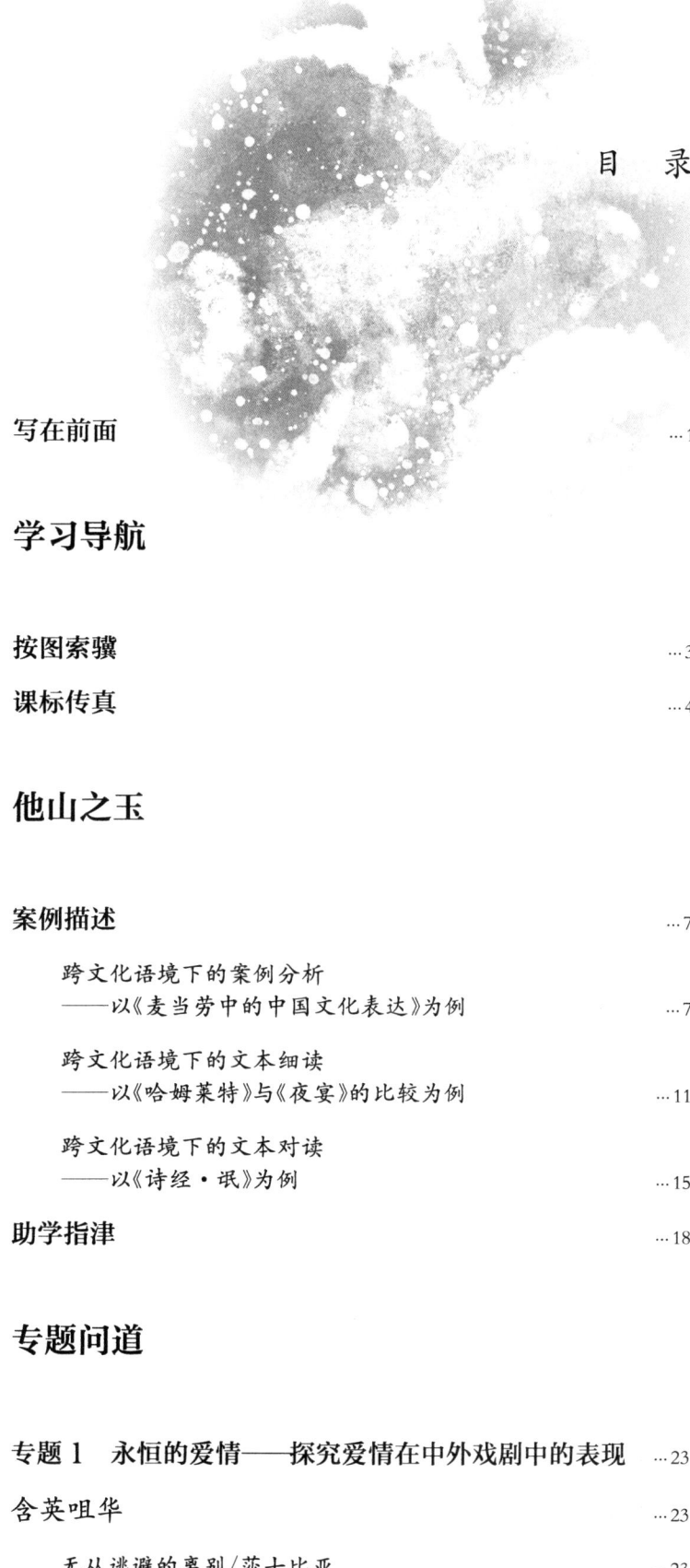

写在前面 ...1

学习导航

按图索骥 ...3
课标传真 ...4

他山之玉

案例描述 ...7
    跨文化语境下的案例分析
    ——以《麦当劳中的中国文化表达》为例 ...7
    跨文化语境下的文本细读
    ——以《哈姆莱特》与《夜宴》的比较为例 ...11
    跨文化语境下的文本对读
    ——以《诗经·氓》为例 ...15

助学指津 ...18

专题问道

专题1 永恒的爱情——探究爱情在中外戏剧中的表现 ...23
含英咀华 ...23
    无从逃避的离别/莎士比亚 ...23

写真/汤显祖	…27
实践笃行	…31
我该怎样好好去爱你——中西方爱情的体验之旅	…31
专题2 走出苦难——中西方文学对苦难的救赎	**…41**
含英咀华	**…41**
楚辞·卜居/屈原	…43
热爱生命/杰克·伦敦	…43
实践笃行	**…47**
诸神的黄昏——审丑的20世纪	…47
专题3 文本的旅行——探究英汉传译的文化意义	**…53**
含英咀华	**…53**
赵氏孤儿大报仇/纪君祥	…53
赵氏孤儿：又，赵家的小孤儿/杜赫德	…56
茶花女/小仲马	…63
巴黎茶花女遗事/小仲马	…66
实践笃行	**…68**
跨越语言的边界：成为译者	…68
专题4 镜头下的异域——探究东西方文化碰撞与融合	**…73**
含英咀华	**…73**
给我一个中国娃娃/龙应台	…73
卧虎藏龙	…76
实践笃行	**…79**
当东方与西方相遇——从电影看中西方文化的碰撞与融合	…79
专题5 你追求的真实——审视外媒视角下的中国事件	**…86**
含英咀华	**…86**
借他们一双慧眼/周鑫宇	…86

目　录

　　外国人眼中的中国和中国奥运/师淇　　…92

实践笃行　　…97

　　他们这样"说"：外媒眼中的中国教育　　…97

专题6　不一样的狂欢——中西方节日文化比较　　…101

含英咀华　　…101

　　母亲节/朱子仪　　…101

　　日韩节日习俗中的文化传承比较/于会歌　　…104

实践笃行　　…107

　　全球最大的盛会：外国人眼里的中国春节　　…107

　　我们怎样过洋节？　　…109

专题7　从对方眼中发现——西方汉学家笔下的中国古典风流　　…115

含英咀华　　…115

　　《前朝梦忆》前言/史景迁　　…115

　　杜甫/宇文所安　　…119

实践笃行　　…123

　　跨文化交流之旅：跨千山万水，只为与你相遇　　…123

锦心绣口

应世致用

"翻译"写作活动　　…131

互动对话

"报告"口语活动　　…136

我学我秀

展览平台 …143

自我评估 …149

知识附录

参考答案 …165

推荐书目 …198

后　记 …200

写在前面

  在语文学习的道路上你跋涉许久,那些语词构成的密林,有时让你怅然若失,有时又使你茅塞顿开。在阅读前人中你一一收藏人类的智慧之光,在表达自我时你一一点亮自己的心灵之火。在无数个阳光灿烂的午后,或是星光明亮的夜晚,你被这样的火光牵引,走进书本,走向生活。这样的时刻可以称为"生命的唤醒"了,而我们就出现在这样的时刻里。我们有一个共同的名字——"语文树",我们希望以树的形象和你站在一起,共同领略高处和远处的风景——《新课标 新语文 新学习》丛书。为了让你能与她相遇,我们努力了两年。希望这是一场温暖而让人百感交集的旅程,在旅程的起点,让我们暂缓脚步,听一场模拟对话吧。

新课标:语文学习"风向标"

生: 老师,您是语文学习的"过来人",能谈谈如何学习语文吗?

师: "学"的本义是一个人在手把手地教习"爻","习"的本义是雏鸟练习飞出鸟窝,所以,"学"是知识的授受,"习"是技能的运用。古人云:"学而时习之,不亦说乎?"学到的知识能放到生活中去为我所用,这才是快乐的事情!语文学习也不例外,一定要注重知识学习和社会实践,要"知行合一"。

生: 语文学习离不开语文实践,这个道理大家都懂。国家在课程标准、语文教材等方面有相应的倡导吗?

师:《普通高中语文课程标准(2017年版)》是课程设置、教材编写、教学实施、考试评

美美与共
跨文化专题研讨

价的"国字号"文件。"核心素养"和"学习任务群"是其中的两大亮点。关于语文核心素养,很多专家发表过高见。现在看,还是《普通高中语文课程标准(2017年版)》的说法比较权威:

> 语文学科核心素养是学生在积极的语言实践活动中积累与构建起来,并在真实的语言运用情境中表现出来的语言能力及其品质;是学生在语文学习中获得的语言知识与语言能力,思维方法和思维品质,情感、态度与价值观的综合体现。主要包括"语言建构与运用""思维发展与提升""审美鉴赏与创造""文化传承与理解"四个方面。

生:四个方面是语文学习的四大领域吧?这四种核心素养怎样才能提高呢?

师:它既是四种核心素养,也关涉四大关键能力,同时也是四个学习领域。为了培育语文核心素养,《普通高中语文课程标准(2017年版)》设置了18个学习任务群,分布在高中三年中修习。

请看下表:

学习任务群	学分安排		
	必修	选择性必修	选修(任选)
1 整本书阅读与研讨	1		
2 当代文化参与	0.5		
3 跨媒介阅读与交流	0.5		
4 语言积累、梳理与探究	1	1	
5 文学阅读与写作	2.5		
6 思辨性阅读与表达	1.5		
7 实用性阅读与交流	1		
8 中华传统文化经典研习		2	
9 中国革命传统作品研习		0.5	
10 中国现当代作家作品研习		0.5	
11 外国作家作品研习		1	
12 科学与文化论著研习		1	
13 汉字汉语专题研讨			2
14 中华传统文化专题研讨			2

写 在 前 面

(续表)

学 习 任 务 群	学 分 安 排		
	必 修	选择性必修	选修(任选)
15 中国革命传统作品专题研讨			2
16 中国现当代作家作品专题研讨			2
17 跨文化专题研讨			2
18 学术论著专题研讨			2
总　　计	8	6	12

课标组专家进行了大量研究，数易其稿，提出了18个学习任务群。那么，如何把这18个学习任务群分解成学习专题？分解成什么样的学习专题？如何学习这些专题？对你们来说，解决这三个问题是语文学习的核心任务。但目前还没有人提供系统的指导和现成的资源，这也是我们策划这套丛书的良苦用心。

新语文：培植语文大树

生：通过您的解释，我们理解了"新课标"之"新"。那么，"新语文"又"新"在何处呢？

师：一个"新"字，表明我们开发了新的语文学习内容。我们在策划专题时，充分考虑了四个标准。一是阅读选文的权威性和时代性。选文要经过历史沉淀，尽量体现经典权威，要搭准时代的脉搏，你们看到的文章应该有相当的新鲜度。二是呈现方式的生动性和悦纳性。你们是学生，不是研究专家，文章选择、活动设计和陈述语体，我们尽量保持喜闻乐见的面孔和平等对话的态度。三是活动设计的操作性和选择性。不管是文本阅读还是活动实践，我们都考虑到简单易行，照顾到弹性选择。四是价值追求的普世性和多元化。开放的眼光、宽容的心态和普世的价值，对你们来说，也是一种核心素养。这方面争取与现行教材成为互补。因为坚持这四条标准，所以这套丛书的内容、结构和呈现不同于以往任何一种教材和教辅。

生：这样看来，专题策划是重中之重。你们是怎样考虑的呢？

美美与共
跨文化专题研讨

师:专题策划,我们郑重其事。我们把每个任务群分解成若干个学习专题,一共形成119个专题,每个专题主要分成"含英咀华(学者谈片等)""实践笃行"两类活动,加上每个任务群的综合写作和口语活动,共计270次语文学习活动。这样,活动指向专题,专题指向任务群,任务群指向核心素养。如右图所示:

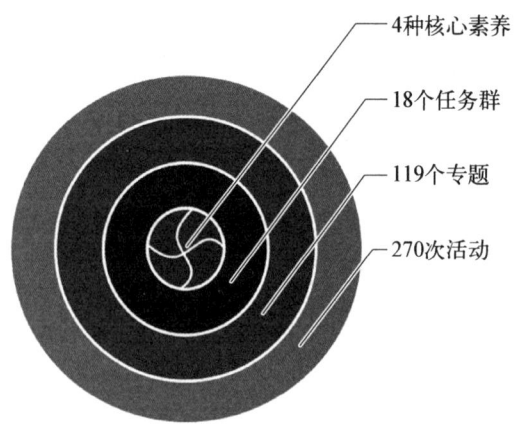

- 4种核心素养
- 18个任务群
- 119个专题
- 270次活动

生:看来专题内容就是学习的基本内容,119个专题都涉及哪些内容呢?

师:119个专题的名称和学习范围如下,右边的学时是课标规定的,供同学们课外安排。

学习任务群	专题名称	专题内容	学时
1. 整本书阅读与研讨	1. 阅读的奥秘	整本书的阅读策略与方法	18课时
	2. 理性的光辉	理解性、接受性阅读	
	3. 向深处追溯	拓展性、探究性阅读	
	4. 对话的姿态	参证性、批判性阅读	
	5. 把珍珠穿起	群文性、类型化阅读	
	6. 让心灵遇见	消遣性、休闲性阅读	
2. 当代文化参与	1. 聚焦与透视	关注并调查社会文化热点	9课时
	2. 参与和建构	策划并参与当代文化活动	
	3. 探索与研究	探索并评价当代文化现象	
	4. 尊重与理解	养成尊重多元文化的意识	
	5. 保护与传承	策划民俗文化的现代传承	
3. 跨媒介阅读与交流	1. 拥抱新媒介	了解新媒体的种类和特点	9课时
	2. 媒体三棱镜	理解不同媒介的同题表达	
	3. 理性的眼神	学会辨别媒体立场和态度	
	4. 媒介小达人	学习跨媒介技术传播资讯	
	5. 跨界共同体	创建跨媒介学习共同体	

写 在 前 面

(续表)

学习任务群	专题名称		专题内容	学时
4. 语言积累、梳理与探究； 13. 汉字汉语专题研讨	上编	1. 走向符号化	理解汉字简化，能够识繁写简	72课时
		2. 意义关系网	了解语义与语境的关系	
		3. 语义的河流	了解词义的类型及其流变	
		4. 格式化的语言	理解并正确使用熟语	
		5. 情境中的约定	学习语用的规律和规范	
		6. 修辞立其诚	了解并运用修辞提高表达效果	
		7. 生活小逻辑	了解逻辑，提高语用的逻辑性	
	下编	8. 语言的魔方	对联的欣赏与写作	
		9. 时代晴雨表	了解民谣背后的社会和民生	
		10. 歧路中抉择	了解文言白话的特点及其分离	
		11. 语言的狂欢	了解网络语言，认识语言规范	
		12. 文化全息码	探究汉字与文化的关系	
5. 文学阅读与写作	文字秘密	1. 超越惯性	了解诗歌的陌生化技巧	45课时
		2. 文质彬彬	了解散文的知性与感性	
		3. 河的第三条岸	了解小说的想象与虚构	
		4. 尺水里的波澜	了解戏剧的冲突与巧合	
	大地事件	5. 灵魂没有白发	文学"成长"母题阅读与写作	
		6. 零度以上的风景	文学"爱情"母题阅读与写作	
		7. 倒下的真理	文学"战争"母题阅读与写作	
		8. 我应该是一阵风	文学"自然"母题阅读与写作	
		9. 旧故里草木深	文学"故乡"母题阅读与写作	
	大师法则	10. 站在文学背后	创作与鉴赏的理论研习	
6. 思辨性阅读与表达		1. 谬误与审辨	了解思辨的误区和审慎的说理	27课时
		2. 经典的回响	研读经典的论述文本	
		3. 公民的情怀	关注并评论公共事件	
		4. 别样的声音	研读争鸣、答辩类文本	
		5. 价值的困境	理解人性和人生的多元性	
		6. 阐幽与发微	阐释文的阅读与写作	
		7. 证据与逻辑	立论文的阅读与写作	
		8. 对话与驳诘	驳论文的阅读与写作	

美美与共
跨文化专题研讨

(续表)

学习任务群	专题名称		专题内容	学时
7. 实用性阅读与交流	1. 运筹帷幄		策划书的阅读及写作	18课时
	2. 谈言微中		访谈的设计和实录	
	3. 走进现场		沙龙对话和演讲活动	
	4. 亮出你自己		面试活动及相关写作	
	5. 社会广角镜		时评的阅读和写作	
	6. 电子工作坊		新媒体的阅读和表达	
	7. 求真之眼		复杂说明文的阅读	
8. 中华传统文化经典研习	1. 春秋笔法		古代史事传记研习	36课时
	2. 寂寞圣贤		古代诸子散文研习	
	3. 名士情怀		古代游记小品研习	
	4. 心灵律动		古代诗词散曲研习	
	5. 铺采摛文		古代骈文辞赋研习	
	6. 应世致用		古代书信公牍研习	
	7. 仁心写真		古代序跋碑志研习	
	8. 瑰奇想象		古代志怪传奇研习	
9. 中国革命传统作品研习；15. 中国革命传统作品专题研讨	上编	1. 得体与审美	"红色"作品文学性研读	9课时
		2. 严密与崇高	"红色"作品思辨性研读	
		3. 写实与宣传	"红色"作品实用性研读	
	下编	4. 匕首与投枪	鲁迅杂文专题研讨	36课时
		5. 一代天骄	毛泽东诗词专题研讨	
		6. 红色舞台	"红色"经典剧本专题研讨	
		7. 大地的歌吟	"白洋淀派"小说专题研讨	
		8. 时代的乐章	当代散文三大家专题研讨	
		9. 黎明的通知	艾青诗歌专题研讨	
		10. 科学之春	徐迟报告文学专题研讨	
10. 中国现当代作家作品研习	1. 曾经的路途		现当代文学史梳理	9课时
	2. 缪斯的眼神		现当代诗歌研习	
	3. 人生的况味		现当代散文研习	
	4. 杨树的倒影		现当代小说研习	
	5. 舞台你我他		现当代戏剧研习	
	6. 别有幽情生		港台文学研习	

写 在 前 面

(续表)

学习任务群	专题名称	专题内容	学时
11. 外国作家作品研习	1. 文明的滥觞	外国古代文学作品研习	18课时
	2. 精神的宇宙	外国文艺复兴文学作品研习	
	3. 求索与救赎	外国近代文学作品研习	
	4. 荒诞与魔幻	外国现代主义文学作品研习	
	5. 历险与抗争	美国文学作品研习	
	6. 东方的情思	东方近现代文学作品研习	
12. 科学与文化论著研习	1. 生态因果链	生态与环境类文本研习	18课时
	2. 潘多拉魔盒	生物与基因类文本研习	
	3. 天道近物理	天文与物理类文本研习	
	4. 逻各斯密码	数学与逻辑类文本研习	
	5. 科学的圣殿	科学与哲学类文本研习	
	6. 遇见在巅峰	科学与人文类文本研习	
14. 中华传统文化专题研讨	1. 批判与继承	传统文化的现代观照	36课时
	2. 仁义与中庸	儒家文化专题研讨	
	3. 逍遥与隐逸	道家文化专题研讨	
	4. 性命与慈悲	佛教文化专题研讨	
	5. 生克与消长	阴阳五行文化专题研讨	
	6. 血缘与亲情	宗族文化专题研讨	
	7. 祈祷与禁忌	民俗文化专题研讨	
	8. 象征与暗示	汉语文化专题研讨	
16. 中国现当代作家作品专题研讨	1. 诺奖情缘	诺贝尔文学奖获奖作品欣赏	36课时
	2. 琴心剑胆	中国武侠文学欣赏	
	3. 朦胧诗界	中国现当代朦胧诗欣赏	
	4. 时代样板	现代京剧经典唱词欣赏	
	5. 精神寻根	寻根派文学研讨	
	6. 实验先锋	先锋派文学研讨	
	7. 超体空间	科幻作品研读及创作	
	8. 古典格局	章回体小说研讨	
17. 跨文化专题研讨	1. 永恒的爱情	探究爱情在中外戏剧中的表现	36课时
	2. 走出苦难	中西方文学对苦难的救赎	

美美与共
跨文化专题研讨

(续表)

学习任务群	专题名称	专题内容	学时
17. 跨文化专题研讨	3. 文本的旅行	探究英汉传译的文化意义	36课时
	4. 镜头下的异域	探究东西方文化碰撞与融合	
	5. 你追求的真实	审视外媒视角下的中国事件	
	6. 不一样的狂欢	中西方节日文化比较	
	7. 从对方眼中发现	西方汉学家笔下的中国古典风流	
18. 学术论著专题研讨	1. 涵盖乾坤	哲学类论著选文研读	36课时
	2. 平正中和	政治类论著选文研读	
	3. 经世济民	经济类论著选文研读	
	4. 返观内照	文化类论著选文研读	
	5. 光风霁月	教育类论著选文研读	
	6. 曲院风荷	艺术类论著选文研读	
	7. 凝固美学	建筑类论著选文研读	

生：这样的内容确实跟现有的教材不一样！还有哪些写作和口语交际活动呢？

师：你们最终要进入社会，阅读、写作和听说三者不可偏废，尤其是听说能力，其重要性远在阅读与写作之上，但目前这一块非常薄弱。因此，写作和口语交际是非常重要的课程内容。我们对写作和口语的训练点分解布局如下：

学习任务群	写作训练			口语训练	
	训练点	训练内容	文体	训练点	训练内容
1. 整本书阅读与研讨	摘录与批注	训练摘录与批注，培养良好的读书习惯	读书笔记	推介	介绍和推荐，突出被推介者的特色，让他人接受和认同
2. 当代文化参与	选点与提纲	筛选主题，分解提纲，确立行动框架	调查访谈	采访	根据提纲采访，实施调查，获取需要的信息
3. 跨媒介阅读与交流	技术与媒介	了解新媒体知识，训练相关媒体的运用技能	媒体交流	主持	关注主题，把控现场，串联话题，启发互动，完成跨界交流

写在前面

(续表)

学习任务群	写作训练			口语训练	
	训练点	训练内容	文 体	训练点	训练内容
4. 语言积累、梳理与探究； 13. 汉字汉语专题研讨	解释和说明	训练解释和说明的方法，促进阅读理解	说明文类	申诉	申告和诉求，提出要求、愿望，表达利益关切
5. 文学阅读与写作	虚构中的真实	学习想象虚构技巧，增进文学素养	微型小说	讲述	讲述事件经过，还原事情真相，吸引听众的关注
6. 思辨性阅读与表达	基于证据的推理	训练围绕观点组织证据，根据证据进行推理	立论驳论	辩论	就共同话题，与见解不同的人辩驳争论，阐述理由，申明观点
7. 实用性阅读与交流	公共事件报道	训练聚焦新闻事件，并作出客观表达	新闻通讯	演讲	面对公众表达立场、观点和情感，唤起听众共鸣
8. 中华传统文化经典研习	格式与韵律	了解古诗基本格律和范式，仿写古诗词和对联	仿古诗词	倾听	在口语情境中，倾听对方，获得真实和重要的信息
9. 中国革命传统作品研习； 15. 中国革命传统作品专题研讨	广告与宣传	认识标语的广告功能，训练广告词或宣传标语的写作	广告标语	谈判	根据焦点问题，与不同利益方沟通，取得共识
10. 中国现当代作家作品研习	变异和陌生化	认识文学语言特点，训练文学地表达	现代诗歌	朗诵	各种文学朗读和诗词吟诵，用声音艺术感染人
11. 外国作家作品研习	神聚与形散	认识散文（随笔）的文体特征，训练相关写作技巧	散文随笔	聊天	掌握倾听、追问、附和、献疑、转换等谈话技巧，学会聊天
12. 科学与文化论著研习	设计和报告	认识验证与科学研究的关系，训练实验报告基本写法	实验报告	质询	就困惑处、怀疑处、否定处提出疑问和质询，引起回应
14. 中华传统文化专题研讨	创意与策划	学习策划主题活动，训练策划文案的写作	活动策划	论坛	在专题论坛上，限时发表简要观点，申明理由，获得听众认同

美美与共
跨文化专题研讨

(续表)

学习任务群	写作训练			口语训练	
	训练点	训练内容	文体	训练点	训练内容
16. 中国现当代作家作品专题研讨	鉴赏和批评	简介评论的种类,训练时评和文评的写法	评论写作	讨论	就某个话题组织讨论,记录讨论内容,形成讨论结果
17. 跨文化专题研讨	译介信达雅	翻译的基本要求,训练古文、外文和现代散文的互译	翻译介绍	报告	在学术活动中简明扼要地向专家及听众汇报研究成果
18. 学术论著专题研讨	尊重学术规范	简介小论文写作规范,学习小论文写作	学术论文	答辩	在学术活动中解释自己的科研成果或论文,并答复专家的提问

新学习：转轨，以正确的姿态

生：学好该丛书，我们需要怎样的学习方式呢？

师：我们对于丛书的定位是：它是"学本"，你们可以把它当作自学课程；也是"脚本"，你们可以据此进行社会实践活动；也可以是"教本"，教师把它作为统编教材的补充。其实，古往今来，人类任何一种有效的学习，本质上都是自学，都是运用。课外以自学、实践为主，依靠同伴互助，联结社会生活；课内比照、参考为辅，延伸老师讲解，拓宽学习视野，便是自学这套丛书的主要策略，这和多数同学的学习习惯形成互补关系，而不是取舍关系。

生：课内学习和课外活动的关系怎么处理呢？我们已经够忙了，哪里还有时间去完成课外活动呢？

师：必须承认，很少有人只靠课内学习就能够解决一切问题，同学们要思考的是，语文不是靠有限的几篇范文细嚼慢咽就能够提高素养的。朱熹说："问渠那得清如许，为有源头活水来。"语文素养犹如映照着天光云影的"半亩方塘"，而语文实践犹如源源不断的"源头活水"。课内教材和课外自学，不是取舍关系，而应该"得

写在前面

而兼之"。作为在校生,更好的学习方法是"同步"和"配套"。同步,就是进度和节奏与学校课程保持一致。这套丛书的学习周期是三年。每个任务群的自学时间可以参照新课标规定,当然同学们也可以根据自己的学习实际灵活调配。"配套"是指内容上的相辅相成。课内学习哪个任务群,课外相应配套该任务群学本以拓宽和加深。这样,教师的教学和你们的自学形成联动,课内的指令性任务和课外自主性实践产生互补,效果更好。

生:我们自学这套丛书时,书的框架体例能给我们怎样的帮助呢?

师:"写在前面"主要让你们了解整套丛书的框架和内容,从中我们可以发现,16册书形成了一个系统性的结构,与新课标18个任务群严丝合缝地对接,同时也指明学习目标、学习内容和学习方式。第一板块"学习导航"包括"按图索骥"和"课标传真",前者是学习专题的形象图示,你们一看就知道本书的内容;后者是让同学们了解本任务群的学习目标、学习内容和学习方法。第二板块"他山之玉"是你们的同龄人或者其他学校学习的成功案例,可提供借鉴的方法和思路。"助学指津"是对于完成任务群的方法和策略建议。这一板块有些任务群是省略的。第三板块"专题问道"是全书的主要内容,"含英咀华(学者谈片等)"为同学们提供更多古今中外的文化精华。"实践笃行"是该任务群学习的加深和拓宽活动,有的侧重学术研究,有的侧重社会实践。第四板块的"锦心绣口"是综合写作活动和口语活动,也是丛书精心开发的活动体系,要扎实训练。第五板块"我学我秀"里有你们同龄人的学习成果展示,也包括一份综合性的"自我评估"题,相当于任务群学习质量的自我评价,而这种评价的理念和方式,完全不同于你们常见的应试题目,不妨一试。第六板块是"知识附录",这里有本书所有题目的参考答案以及其他有价值的知识,包括整个任务群的推荐阅读书目。

生:我注意到每一个专题的"含英咀华(学者谈片等)"后面还有"我思我在",相当于课文后面的思考练习吧?怎么落实这个任务呢?有些"实践笃行"也不是一个人可以完成的。这样的学习是否也可以在课内外和同学们一起完成呢?

师:需要强调的是,"我思我在"作为文后的学习任务,都是本书的编撰者精心构思的

问题,指向文本的内核,同时又扣住专题的主题。为了与文本形成对话,文后的题目并不是聊备一格的虚设,而是非常重要的深入文本的途径,也是理解专题的抓手。"实践笃行"跟文本阅读同样重要,无论是学术性探究还是社会化实践,都是形成语文能力的必经之途。这些活动,有的要独立思考,有的要同伴互助,这要根据任务的性质来定。

生:丛书确实有着全新的内容和形式,好好学习,相信一定能够提升我们的语文素养。

师:古人说:"取法乎上,仅得其中,取法乎中,仅得其下。"我们的理念从现实的土壤里生长出来,但又超越现实。我们的创意是长期教学经验的升华,但又带着实验的因子。我们的开发团队,虽然属于当地一线名师,但个体经验毕竟不能代替科学理论。纵然有美好愿景在远处指引,有专业激情在内心推动,但由于我们自身水平有限,最终能否实现预期目标还有待于读者的检验。为了把这件事情做得更好,我们非常需要读者的反馈、批评和建议。建构自学语文课程非常艰难,丛书仅仅是自学课程的框架和拐杖。要在语文学习过程中形成核心素养,不仅需要学本,更需要时间,需要生活。"纸上得来终觉浅,绝知此事要躬行",生活和阅历才是人生最好的教科书。

褚树荣

2018 年 3 月

新课标 新语 学习导航

新学习

我们命定的目标和道路,不是享乐,也不是受苦,而是行动,在每个明天,都要比今天前进一步。

——朗费罗《人生颂》

千里之行,始于足下,学习过程犹如一场远行。"按图索骥"呈现了行走的"路线图","课标传真"昭示了行走的"目的地"。我们希望一个个专题就是学习之旅中的一个个驿站,你可以体验学习的全程,也可以自由选择:你如果顺图而行,每一站都各有精彩;你如果率性而行,你最想去的地方就在那儿等你。为了便于选择,我们对每一站风景都作了简要介绍。

旅程最艰难的就是迈出第一步,我们期待你的加入。

按图索骥

跨文化传播领域的国际知名学者拉里·A.萨默瓦和理查德·E.波特认为,在21世纪,人们要面临的挑战是使自己成为成功而有效率的跨文化交流者,具备与背景、世界观和行为方式与自己完全不同的人交流的能力。我们为"跨文化专题研讨"任务群设计了7个系列专题活动,它们将带你从不同角度感受中西方文化的碰撞与融合,领略世界的丰富与多彩。希望同学们通过这些活动,打破固有的二元对立思维,提升自己的跨文化交流能力。

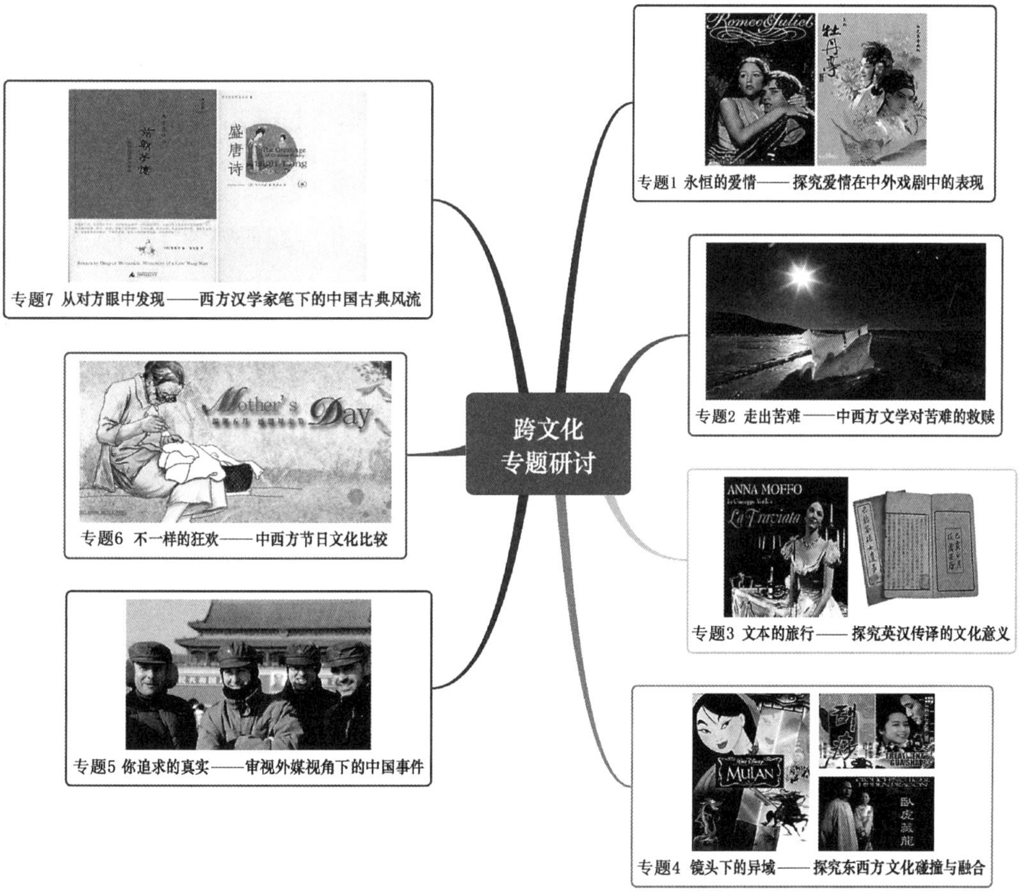

专题7 从对方眼中发现——西方汉学家笔下的中国古典风流

专题6 不一样的狂欢——中西方节日文化比较

专题5 你追求的真实——审视外媒视角下的中国事件

跨文化专题研讨

专题1 永恒的爱情——探究爱情在中外戏剧中的表现

专题2 走出苦难——中西方文学对苦难的救赎

专题3 文本的旅行——探究英汉传译的文化意义

专题4 镜头下的异域——探究东西方文化碰撞与融合

美美与共
跨文化专题研讨

课标传真

学习任务群17　跨文化专题研讨

本任务群是在"外国作家作品研习"的基础上,深入研讨外国文学名著和文化经典的若干专题,旨在引导学生思考丰富多样的人类文化,汲取人类思想精华,培养开放的文化心态,发展批判性思维,增强文化理解力。

1. 学习目标与内容

(1) 研讨不同时期、不同国家与民族的文学、文化经典作品,增进对人类文明史上多样文化并进的事实及全球化背景下文化多样性的理解。

(2) 选读一本外国文学理论名著,了解世界文学批评中某一流派的基本主张和文学解读方法;或者选读一本研究中外文学或文化比较的著作,尝试运用其中的观点研读以前读过的作品。

(3) 借助已有的阅读经验,选择合适的内容进行跨文化专题研究,在中外文化的比较中,深化对中华优秀传统文化的理解,增强对中国特色社会主义文化的自信。

2. 教学提示

本任务群为2学分,36课时。建议设置4—6个专题,每个专题6—9课时。

(1) 可以根据"学习目标与内容"(1)(2)(3)分别设立专题,以内容(1)为主;也可以将内容(1)(2)(3)有机整合,设立专题。

(2) 激发学生兴趣,在阅读外国文学、文化经典的基础上,指导学生选择有意义的课题,开展跨文化专题研究,组织专题研讨与交流,选择合适的方式呈现研究成果。

(3) 积极拓展学习渠道,如组织学生利用社会实践参与跨文化的交流,利用网络参与跨文化课题讨论。向学生推荐跨文化研究的文章或专业杂志,促进学习活动的深化。

《普通高中语文课程标准(2017年版)》

新课标

新语

他山之玉

新学习

他山之石,可以为错……他山之石,可以攻玉。

——《诗经·小雅·鹤鸣》

  我们的学习之旅从来不缺少先行者和陪伴者,前者给了我们"吾道不孤"的支持,后者给了我们同气连枝的勇气。他们的努力、探索与富有成效的实践收录在"他山之玉"中,与我们复调歌唱,互为补充。我们相信这将是一种超越时空的呼应,是基于文字和生活之爱的握手。当然,学习之路从来也是艰辛的,在旅途陷入迷茫或困境时,建议你读一读"助学指津",也许有助于你开拓道路和把握方向。

  玉石在怀,"攻玉"就是修炼,且让我们开始如切如磋,如琢如磨。

 **案例描述**

跨文化语境下的案例分析[①]
——以《麦当劳中的中国文化表达》为例

当今社会里,全球化是大势所趋。不管你愿意还是不愿意,不管你主动还是被动,我们与世界的交流会越来越频繁,联系会越来越紧密。同时,我们遇到的中西方文化碰撞也会越来越激烈。那么,我们身边有哪些文化碰撞事件发生?我们该如何对待这种文化碰撞?怎样才能让自己既具有世界的眼光、开放的意识,又能传承中华民族的优秀文化,增强文化认同感呢?《麦当劳中的中国文化表达》一文的学习可以帮我们打开一扇窗。

《麦当劳中的中国文化表达》是苏教版高中语文必修三"文明的对话"专题第二版块"认同和圆融"中的一篇。这是一篇文化随笔。作者翁乃群先生将改革开放以后进入中国市场的美国麦当劳连锁店作为一个案例进行剖析,以小见大,由事及理,论证了文化碰撞的意义,以及我们应采取的态度。

对大多数同学来说,麦当劳并不陌生,它是全球最大的连锁快餐企业,1955年诞生于美国,目前在全球120多个国家和地区拥有超过33 000家快餐厅。在美国,麦当劳以快捷、价廉为大众广泛接受。1990年,中国大陆有了第一家麦当劳餐厅。1992年4月当时世界上面积最大的麦当劳餐厅在北京王府井诞生,开业当日有超过万人前往用餐。目前,麦当劳在中国已拥有2 000多家餐厅。

中国人为什么喜欢麦当劳呢?同学们通过阅读文本,从第2至5段中筛选出相关信息。国人喜欢麦当劳是因为它平等民主的氛围、浪漫舒服的环境、热情周到的服务、文明的餐桌礼仪和现代化的经营理念。由此可见,对中国老百姓来说,麦当劳作为美国文化的符号意义胜于它作为快餐的符号意义,国人在麦当劳感受平等民主的氛围、享受浪漫舒服的环境、热情周到的服务、接受文明的餐桌礼仪、现代化经营理念的同时,其实也在接受美国文化。

[①] 改编自顾乐波《〈麦当劳中的中国文化表达〉教学设计》,《语文学习》2008年第6期。

进入中国后的麦当劳与美国本土的麦当劳有区别吗？作为外来文化，麦当劳进入中国后，它的饮食品种、服务、管理仍旧没变，保持着美国的方式。但它也在努力适应中国文化环境，同学们通过速读第6至7段，概括出麦当劳所作的一些改变，比如塑造地方企业的形象，比如开辟"情人角""儿童乐园"，比如营造中国式家庭气氛。因此，确切地说，进入中国的麦当劳已成为具有中国文化特色的"美国文化"。

至此，同学们看到了麦当劳进入中国后的"变"与"不变"，这是中西方文化接触和冲撞中的一个个例，但绝非特例。通过对麦当劳的案例研究，我们可以获得哪些有益的启示？通过阅读文本，同学们从第8段至11段概括出以下要点：（1）不论是外来的有形器物还是外来的无形思想，都有一个本土化的过程；（2）世界上各种文化更加广泛、频繁、激烈、深入地相互接触和冲撞，并且是多向的、多层次的互动和吸纳；（3）80年代以来，经济全球化的迅猛趋势和现代信息技术的飞速发展，使不同文化的冲撞和互动达到了空前的规模；（4）文化冲撞所引起的变动从来就不是单向的；（5）文化永远不可能被克隆。

此后，师生一起分享了日常生活中的一些中外文化交流与碰撞的事例。

比如，中国越来越多的年青人喜欢过情人节、愚人节、圣诞节，而美国纽约州和马里兰州已把春节定为全州的法定节日。2009年，在中国农历新年即将到来之际，时任联合国秘书长潘基文通过新华社（网）发表用汉字亲笔书写的祝词："祝中国人民和全世界所有华人新年快乐！"为了弘扬传统美德，增加民族文化的认同感，从2008年始，清明、端午、中秋都成了国家法定节日。

比如，当有部分国人为显自家品牌档次而给国产品牌起洋名时，那些外来品牌却想起一个具有中国特色的名字以期尽快融入中国人的生活，世界最大的日用消费品公司之一宝洁公司旗下的"飘柔""玉兰油""舒肤佳""佳洁士"，都有一个相当中国化的名字。

再比如，2001年6月23日，国际奥林匹克日，世界三大男高音歌唱家帕瓦罗蒂、多明戈、卡雷拉斯齐聚紫禁城午门广场，为北京申奥奋臂疾呼。三大男高音金子般的声音与故宫的雕梁画栋交相辉映，历史与现代，东方与西方，凝固的音乐与流动的建筑，一切都显得那样和谐。

接下来，师生以"故宫里的星巴克"为切入点，就中西方文化冲突问题展开了讨论。

星巴克，1971年始创于美国西雅图，在当地一家农贸市场开设第一家店，2004年

他山之玉

全球分店已达 8 600 多家。其饮品在美国 4 美元就可以买一大杯,"相当于在中国花 4 块人民币就可以买一杯饮料的店子"。在西方人的普遍观念中,星巴克是"不登大雅之堂的饮食文化的代表符号"。2000 年,星巴克进驻故宫。故宫里的星巴克成了西方的笑柄,许多西方人来到故宫后,特地找到星巴克合影,随后把照片发布在网上,觉得很滑稽。

2006 年,央视一名主持人在耶鲁大学的一次全美 CEO 峰会上,正好遇到星巴克新任 CEO 兼总裁吉姆·当诺,这名主持人公开表达了自己的观点:"我不知道星巴克是否有在印度的泰姬陵、法国的凡尔赛、英国的白金汉宫开分店的计划,但是请星巴克先把在中国故宫里的店撤掉。"

针对这一冲突,有的同学认为,星巴克应尽快撤离故宫,因为不登大雅之堂的星巴克进驻故宫是对中国传统文化的糟蹋。而且即便不是俗文化,而是把小提琴等高雅文化放到故宫里,也破坏了纯粹的中国文化,越国际化的国家越注重保护纯粹文化。也有的同学认为,星巴克进驻故宫无可厚非,因为这是正常的文化交流,中国应有海纳百川的胸怀。该央视主持人的表现是一种文化焦虑意识,也可以说是一种可笑的文化自恋。再说了,如果双方事先签过合同,那就要按商业规则办事,哪能说搬就搬呢?

其实,除了非此即彼的观点之外,还有另一种声音。在学生讨论之后,老师分享了著名记者闾丘露薇的观点:制定游戏规则,对内对外,平等对待,这才是大国的风范,我们应该加强文化自信,避免文化上的极端民族主义。

事件的结局是 2007 年 7 月 14 日,在故宫九卿值房"驻扎"七年之久并一直处于争议之中的星巴克咖啡店正式告别故宫。

星巴克搬离了故宫,事件似乎告一段落,但由此引发的思考却远远没有结束。老师引导学生对中西方文化交流与碰撞的现状与未来作了进一步的讨论。中国很多文化遗产都普遍面临着共同的问题,那就是如何处理好文化保护与商业经营之间的矛盾。确实,面对商业利益的诱惑和商业文化的冲击,如何保有原汁原味的文化遗产,如何能够管理好、规划好、保护好这份宝贵的财富,是一个很现实的问题。

再往深一步说,在中外文化交流日益频繁的今天,我们该以怎样的姿态展现我们的"大国形象"?2003 年 12 月 10 日,国务院总理温家宝在哈佛大学作了题为"把目光投向

中国"的演讲，他说："进入21世纪，人类面临的经济和社会问题更加复杂。文化因素将在新的世纪里发挥更加重要的作用。不同民族的语言各不相同，而心灵情感是相通的。……人类因无知或偏见引起的冲突，有时比因利益引起的冲突更可怕。我们主张以平等和包容的精神，努力寻找双方的共同点，开展广泛的文明对话和深入的文化交流。"

◎ **成功之道**

用案例分析来提升跨文化能力

如何提升自己的跨文化交流能力？《麦当劳中的中国文化表达》一课的学习告诉我们，案例分析是一个行之有效的好方法。

案例分析宜从身边小事入手。当今社会，中外文化交流日益频繁，文化碰撞就发生在我们身边，这正可以让我们从身边的文化碰撞事件入手，激活我们的生活体验，获得感性认知，进而作理性分析，思考面对中外文化碰撞时我们应该采取的态度和做法。翁乃群先生就是这样以小见大，由事及理，以进入中国市场的麦当劳为标本，阐明了文化碰撞的意义以及我们应采取的态度。

案例分析要关注文化碰撞后各方发生的变化。在分析麦当劳时，作者特别关注到了麦当劳来到中国后对国人产生的影响，以及中国对麦当劳产生的影响。麦当劳来到中国，改变了部分国人的饮食习惯和行为举止，这是麦当劳作为一种美国文化对中国产生的影响。当然，为了扩大营销，麦当劳在保持其美国式的饮食品种、服务和管理外，也在进行一系列的本土化改造。我们不难得出这样一个结论：文化冲撞所引起的变动从来就不是单向的，"全盘西化"之说是虚幻的。在全球化时代，各种文化的互动和吸纳是多向度、多层次的。

案例分析需要学以致用。跨文化能力更多地表现为一种分析问题的方法，一种处理实际问题的能力。当下，发达国家与发展中国家经济互相依存，跨国公司越来越依赖于国际市场，这就使商业与文化的接触更为密切，也使跨国商业环境中因不同文化圈造成的冲突日益增多。"故宫里的星巴克"就是一则颇有争议的案例。案例分析不是为了寻求一个统一的答案，而是借此提升跨文化能力。

他山之玉

跨文化语境下的文本细读
—— 以《哈姆莱特》与《夜宴》的比较为例

在阅读莎士比亚作品的时候，我们会对自己"中国读者"的身份有一种想当然的接受，而忽略了一个事实：在这个身份背后，几千年集体无意识的积淀对我们的期待视野具有决定性作用。中国式的期待是否会导致在阅读《哈姆莱特》这个典型西方悲剧时出现误读的危险？在中国读者和西方作者的"合作"之下，一个中国版的莎士比亚故事会呈现出怎样的新面貌？这些故事中哪些是中国的，哪些是莎士比亚的？

基于这些疑问，我们用《哈姆莱特》的中国电影版《夜宴》做了一个文本细读与跨文化比较的"小实验"。

课前，老师请学生自行观看电影《夜宴》，并提醒他们注意电影中一些具有鲜明中国特色的元素，为之后的文本细读做准备。

课上，学生能很快指出电影角色所对应的戏剧人物，以及他们的"中国身份"是通过哪一种中国元素得到强调的，总结如下表：

电影角色	戏剧人物	中国元素
无鸾	哈姆莱特	面具、竹林
鹰隼	莱阿提斯	夜宴
厉帝	克劳狄斯	江山、美人
婉后	王后	茜素红
青女	莪菲利亚	《越人歌》

之后，学生分组讨论了中国元素的含义以及它们对剧情主题的作用。

在之后的交流中，学生主要从人物比较和情节比较两个基本纬度对中西版本的《哈姆莱特》展开了跨文化的对比：选取了关键的文化意象、电影中的重要镜头，对比原剧本中的文本，展开细读。以下仅以王子形象比较、王子相关文本比较以及王后形象比较为例，展示一下比较的思路。

美美与共
跨文化专题研讨

《夜宴》在情节和人物上都保留了《哈姆莱特》的原作设计，王子复仇依然是戏剧冲突的起点。在电影中，太子无鸾戴着面具在竹林中起舞的场面是这位中国版的哈姆莱特第一次进入观众的视野，也走进了他复仇的命运中。竹叶的特写，竹海的全景，古朴而略带怪异的面具舞，雄浑的《越人歌》中白衣舞者的牺牲，这一切都带给学生极大的视觉震撼。从魏晋时期的七位贤人走进竹林开始，竹林这一意象在中国的文化语境中就成了入世失败而精神逍遥的象征，是中国文化理想人格的象征。走向竹林是一个逃避世事的姿态，从此以后，无鸾从雄视六合的储君成了"戴面具的王子"，从儒家的入世转向了道家的逍遥。面具的遮挡和竹林的隐逸有着相同的功能，共同构成了对于无鸾的身份映射：不同于哈姆莱特在威登堡大学学习人文主义先进思想的主动求学，电影中的太子是由于恋情的失败而远走吴越学艺，经历了从入世到出世的人生轨迹，象征性地重现了中国式仁人君子"儒道互补"的精神结构和从"兼济天下"到"独善其身"的人生选择。如果说，哈姆莱特的复仇行动承载着他作为一个人文主义者的理想，"时代整个儿脱节了；啊，真糟，天生我，偏要我把他重新整好"，相较之下，无鸾在剧中的复仇却呈现出一种消极被动的特点。他是因叔父的几次追杀，不得不从吴越的温山软水中再次回到他曾经努力逃离的宫廷。作为一个受到权欲追逐迫害的受害者，他的复仇更多的是对于受迫害命运的反抗，因而失去了原作中一个人文主义者对重整乾坤的主动承担。

在观影过程中，学生抓住了电影剧情和戏剧文本的两个不同点。第一点，电影中的太子由于皇后的传信先得知了父亲之死的真相，再有了重现叔父弑君的戏中戏。这和《哈姆莱特》中的情节顺序刚好相反。由于洞悉真相在先，所以戏中戏就失去了原作中的试探作用。因此，无法在叙事上像戏剧那样给之后的复仇行动提供充分的必要条件，而更像是一次情绪上的泄愤。哈姆莱特建立在复仇之上充满诗意魅力的延宕和思考更无展开的空间。事实上，正如戏中戏之后婉后下令鞭笞青女、探视青女的剧情所暗示的那样，戏中戏的主要矛盾已经从原作中的王子和新王转向了电影中的王后和青女。无论是情节还是主题，电影都对王子的形象作了减法，而把戏剧冲突的焦点更多集中在了王后身上。王子和王后之间也不再是单纯的母子关系，而转变成了恋人关系。若不做这样的改动，原作中王子对于母亲的仇恨甚至毫不留情的辱骂"你干的好事，十足使贤惠的美貌和羞颜玷污了……嗨，把日子就过在油腻的床上淋漓的臭汗里，泡在肮脏的烂污里，熬出

他山之玉

来肉麻话,守着猪圈来调情……"在中国"百善孝为先"的文化语境中很容易引起观众的反感和质询。同样,一个母亲为了自己对权力的野心而最终放弃亲生儿子的情节在普遍歌颂无私母爱的社会中也是难以想象的,但它若是发生在一对反目的情侣之间,就变得易于接受了。而女性对于权力的渴望恰恰是电影讨论的关键内容。

欲望是电影的主题。厉帝口中对于江山美人的追求,最大程度上地体现了一个男人对于权欲和色欲的想象。但这一切都不及婉后身上的那身茜素红来得耀眼。在电影的日本版海报中,婉后就是以一身茜素红的礼服成为电影的绝对主角,而电影题目则也相应地被翻译成了《女帝》,极大地区别了中国版群像式的海报。热烈喜庆的红色一直是中国的"国色"。在电影中,原本会被用于青女嫁衣的茜素红却被婉后占为己有,并伴随着她一步一步走到了群臣山呼"女皇陛下万岁"的那一天。

学生印象最深刻的是在电影的最后一个场景中,婉后紧紧将红布抓在胸前:"知道朕为什么喜欢茜素红吗?因为她红得像人们熊熊燃烧的欲望……欲望!多少人的生命被它吞噬?唯有朕,因为它的燃烧而辉煌。"这是一个绝对不同于原作中王后形象的"新女性":极具魅力和智慧,但富有侵凌性,带给男性和男权社会以极大的威胁。她所象征的是一股新兴而起的女性力量,体现了当代社会对于女性的重新审视和定义。充满力量的新女性的毁灭取代了原作中人文主义行动的失败,文艺复兴时期人的悲剧被转变成了新时代中的性别悲剧,成了中国版《哈姆莱特》悲剧的根源。反观原作中的王后乔特鲁德,面对儿子的辱骂和逼问,她略带恳求地为自己辩护道:"不要用这样尖酸刻薄的语气和一个无助的女人说话!"在此之前,学生讨论过莎士比亚的"厌女"意识在乔特鲁德这一人物上的具体表现,从而揭示出在由男性主导的人文主义这一场对于人重新发现的思潮中,女性的话语权力被剥夺、受压抑的事实。而婉后那一身熠熠夺目的茜素红则是对于女性在新时代中重新占领舞台的无声宣告。而她和另一位女性角色青女之间极富张力的戏剧冲突,则成了电影改编的最大亮点。

"亚历山大死了,亚历山大埋了,亚历山大变成了泥土;人家用他的泥土捏成了一团泥巴;那么他们怎么保得定不会用他的泥巴来塞酒桶呢?煊赫一世的凯撒变成了烂泥,会拿去填填窟窿,堵堵冷气。那一团泥土啊,叫世界都受过震动,竟弄到补补墙壁,挡挡老北风。"原著中哈姆莱特手捧骷髅的那段著名独白,也许是对中国版《哈姆莱特》中欲望

书写的最好回应。《夜宴》中对于欲望的考察,消解了原著在文艺复兴背景下对于人文主义精神的颂扬和讨论,取而代之的是电影对于女性力量的重新思考,这也许能理解为是对于原作中"失声"女性在新时代中的反省和反拨。

◎ 成功之道

用比较的方式实现跨文化交流

在全球化的今天,很多西方作品都经过再创造后进入中国读者的接受视野中,但改编成功的案例极少。同样道理,中国作品想要被西方读者接受,就必然会伴随"被想象"的阵痛,好像东方女性都该长一张高颧细眼的花木兰脸、中国的熊猫一定要会功夫……如何深入东西文化的精神内核,实现真正的双向交流,而非单方面的对异域风情的简单想象?这是我们培养学生跨文化视野和能力的题中之义。

除了语言层面上的翻译,文化层面的"翻译"更是亟须解决的问题。对于西方经典文本的细读是我们进入西方精神殿堂的第一步。而在这堂课上,尝试的其实是电影文本和文学文本的对比分析。

比较而言,文学文本的细读是基础也是落脚点。在这堂课之前,学生已经对《哈姆莱特》进行了阅读,无论对宏观主题、背景还是作品的文本细节,都有了一定的掌握。在前期的学习中,老师从文学内部和外部两方面来划分专题任务,请学生分小组进行细读和报告。其中,内部研究主要从人物分析入手,通过对于文本分析来梳理人物之间的关系,讨论他们对于作品主题的影响。外部研究要学生探讨文本诞生的政治、宗教、文化等背景,在此过程中,必须立足文本,从文本的外部语境反观具体的文本现象,解答具体的文本问题,切忌脱离文本的空谈,不能将课堂变成政治课、历史课……

对于电影文本,通过对电影中意象的提炼与讨论,来比较戏剧中相关的原文文本,从而考察西方戏剧在中国的接受和再创作中,能在多大程度上保留下原作的精神气质。学生运用比较的方法,利用之前所学,对《哈姆莱特》在中国语境下的改写提出自己的看法。讨论过程充满了中西文化碰撞的火花。

除了更进一步理解西方人文主义传统之外,学生惊喜地发现:他们习以为常的中国文化结构能通过比较的方式以一种全新的面貌带给他们新的启示,比如中国文化中的君子人格(无鸾)和西方骑士精神(莱阿提斯)所体现出的中西文化精神气质上的根本差异。但作为文学课,我们的比较集中于对一部具体作品的解读,没有扩展到更宏观的文化层面予以研究,期待这一点在今后的跨文化课上能得到相应的拓展。

跨文化语境下的文本对读
—— 以《诗经·氓》为例

古典诗歌在必修教材里一直是重要且特色鲜明的一种类型。因为历史的久远、语言的隔膜和情感的疏离,现在的学生很难与这些美丽的诗行产生共情。然而,如果从跨文化的角度来看,也许能从旧图案里看出新花样——我们能发现那些流传到今天的中国经典文学,虽经时光流转,竟然能在无形中与西方经典文学发生对话,并能通过翻译慰藉不同国度的心灵。《诗经·氓》的跨文化文本对读,正是试图作出这种尝试的一次努力。

《氓》中有经典的比兴手法,意象也内蕴深厚,就内容而言,屡起波折,处处有一种对比后的物是人非之感。更深刻的还在于,它揭示了在人心变幻和时事更迭中,"爱何以可能"的悲哀。而这种悲哀正是一种"东海西海,心理攸同"的普世情感。

从整体上来说,这次教学是自学和教学相结合,课内和课外相结合,并采取辩论、讨论的形式,由学生主导整个学习过程,让他能以生命经验、阅读经验迥然不同的个体的身份全程参与。

第一个阶段是"同题材文本的对读"。这是在比较文学理论映照下的一次实践,但更具有在地性,也更容易使这个阶段的学生进入,主要分为两个步骤来推进:

1. 比较文学视野中的细节解读。抓住"士之耽兮,尤可说也;女之耽兮,不可说也"四句,揭示诗句讨论的其实是"男女对待爱情的差异"这一话题。向学生呈现钱锺书《管锥编》中针对这四句的评论,如斯塔尔夫人"爱情于男只是生涯中一段插话,而于女则是生命之全书",古罗马诗人名篇中女语男曰"吾与子两情之炽相等,然吾为妇人,则终逊汝丈夫一等,盖女柔弱,身心不如男之强有力也"等,用以启发学生思考和比较,并让学生根据

阅读经验举出例子,即西方话语里,是不是也有相似或相异的表达。

2. 与西方"弃妇诗"对读。让学生进行一个小型辩论:很多人说,西方文学史里没有"弃妇诗",你们认不认同?理由是什么?在这场辩论之后,展示并让学生朗读两首诗歌的节选,它们创作于古罗马诗歌黄金时代——西塞罗时期和奥古斯都时期,同样是被抛弃的女性的自白:卡图卢斯《歌集·第六十四首》,讲述阿里阿德涅被忒修斯无情地留在海岸;奥维德《女杰书简》中的《狄多致埃涅阿斯书》,书写女王狄多在自尽前对埃涅阿斯的哀怨。这是用实例来对那些认为西方文学史里没有"弃妇诗"的庸常观点进行反驳,而对于那些认同并给出理由的学生,在分析中肯定他们有想法是好的,但应避免过于主观和绝对化。接着深化讨论:在相似的框架下,中西"弃妇诗"有何不同?引导学生从信仰、女性形象、河海作为两种意象乃至两种文明等多个角度入手,多层次解读,如以下表格所示:

	《氓》	《歌集》《狄多》
信仰	"不语怪、力、乱、神"的儒家传统,真实民间	希腊神话,复仇女神
女性形象	隐忍,哀而不伤	张扬,爱恨分明
意象	淇水、河岸—大河文明	海水、海岸—海洋文明

第二个阶段是"异语言文本的对读",目的在于让学生初步感受翻译研究。在这个环节中,教师事先布置预习作业,让学生分组寻找《氓》的任意1至2个英译版本,各组之间不能重复,尽量选取不同时代、各具代表性的译者。课堂上请每小组针对所选译文和原文,或者数篇译文对比,进行口头评论,要求评论不得雷同。由于这可能是大多数学生第一次寻找英文材料,老师提前告诉他们《诗经》的不同译名和译者,推荐一些搜索文献的网站。

1. 外国人译笔下的《氓》。根据学生所找版本和口头发言进行补充评论。《诗经》有十几个英文全译本,而就《氓》而言,19世纪不少汉学家,如英国伦敦会传教士理雅各、剑桥大学翟理斯、艾伦都曾将《氓》译成英文;到了20世纪,除了汉学家克莱默·宾之外,又有一批诗人译者将《氓》重新译介,女作家沃德尔、"意象派"代表诗人庞德、阿瑟·韦利……他们在《氓》的翻译中倾注了自己的诗歌才能,有些几乎是进行了二次创作。这些中外译文有的好比分段的散文,有的却押着英诗古韵,有的是直译,有的是改写,那些有意味的注释,更是时代的影子。

2. 中国人译笔下的《氓》。同样根据学生所找版本和口头发言进行补充评论。杨宪益、戴乃迭、许渊冲、汪榕培,这些翻译家笔下的《氓》各有各的气象。直露还是含蓄,刻意还是自然,这些差异在课上进行了探讨。通过探讨,学生明白了,简单比较两者的同与不同,并不是我们理想的比较方法,而是要在两者似是而非的灰暗地带加以挖掘与生发,提出自己更进一层的见解。

在这之后,鼓励学生根据译文风格,将其分为几大类。如按照是否押韵与诗行是否整齐,分成韵体、无韵体、自由体;按照与原文的对照,分成神似、形似等,并说出自己的理由。

经过以上四个步骤的研读,学生对《氓》产生了在比较文学、翻译研究视野下的兴趣,在老师的指引下,掌握了什么是对读,如何抓住细节及深化对比,翻译会产生什么样的文学效果,并体验了一个初级文学评论者的研究过程。

◎ **成功之道**

文学对读,让跨文化交流走向纵深

理科的竞赛题往往难在它们是下一个学习阶段的知识点,而个中好手之所以无往不胜,正是因为提前掌握了那些将来才能有的解题能力。语文又何尝不是这样呢。高中语文必须离学术范儿远远的吗?那些日后可能就读中文系的人只能在大学阶段进行文学启蒙吗?对那些以后再也不进行文学研究的人,这难道不是离成为一个文学评论者最近的时刻吗?

比较文学、翻译研究之类大学里才会有的概念,也许并没有听起来那么高深严肃、遥不可及。对这些学术利器的巧妙使用,既能让你们做好从学校到学院的过渡,也能让你们做好从知识到学问的过渡,明白所有的知识材料,都最终必须化为自己所有。

总是强调国族与国族之间的差异性或共通性,都不免有失偏颇。最理想的状态是,站在本国文化的此岸,看到异国文化的彼岸的风景。现在的你们会和世界各地的青年人

美美与共
跨文化专题研讨

听同一个歌手的歌,看同一部电影,赶赴同一个他乡的景点。在这样的时代,有一种跨越国界的关怀变得无比重要。

即使不在实际意义上走出大陆,也应该在思想之境漫步四海八荒。只有经历了这样的旅程,才会既不以故国自矜,也不因此自卑,对古典中国和现代中国的独特历史和美学心怀亲切,也对其他国度的同等存在心有戚戚然。你们普遍具备较高的英文能力,更使这种语文课堂上涉及两种语言的文学对读成为可能。

 ## 助学指津

如今,我们的世界似乎正囿于这样的困境:越是全球化,偏狭的民族主义情结便越炽热。对本国文化怀有珍重之心是好的,然而两种文化真的完全没有对话的可能吗?隔离双方的屏障是否就是我们自身?作为这个时代的少年,我们有责任直面这种现象,并努力作出自己的回答。

钱锺书在《谈艺录》序里说:"东海西海,心理攸同。"从容自然的一句话却包蕴了他的大见识和一直以来的坚持——在中西纷繁复杂的文化现象背后,也许还存在普遍的诗心与文心;也许在时间和空间之外,另有一幅世界文化的图景;也许人性的丰饶与美丽,足以填补国土之间的褶皱与裂痕。

在打通文化隔阂的旅途上,步步都有惊喜:同一母题在不同国度文字或影像里的演绎,仿佛昭示了一个人在不同时世里的不同命运;译作稀释了巴别塔式语言不通的悲哀,让每一部文学经典都能向所有心灵敞开;异域的报道和节日等文化冲击,在我们这片土地悄然发生,自在生长。而跨越这种差异的隔阂时,挑战也如影随形:在爱情、英雄和苦难前,真实或虚构的异国之人各有各的姿态和气质;翻译成了冲突的第一战场,两种传统在这场相遇中发生切实的碰撞;那些来自他乡的文化力量,在迁移的过程中变幻了形象。

绝对的同与不同,都不免陷入"我执"。当我们跨越文化的一刹那,也许能看到黑塞也曾体验的奇异景象:"世界各民族的成千上万种声音都追求同一个目标,都以不同的名称呼唤着同一些神灵,怀着同一些梦想,忍受着同样的痛苦。在数千年来不计其数的语

他山之玉

言和书籍交织成的斑斓锦缎中,在一些个突然彻悟的瞬间,真正的读者会看见一个极其崇高的超现实的幻象,看见那由千百种矛盾的表情神奇地统一起来的人类的容颜。"

以下是本任务群课内修习时间安排:

修习内容	课时建议
任务群概览	1课时
专题学习	7个专题,每个专题4课时,合计28课时
写作活动	3课时
口语活动	3课时
任务群总结	1课时

当然,短短的课内36课时还不足以让我们对人类文化的多样性有充分的了解,"培养开放的文化心态,增进文化理解力",我们永远在路上。放下"我执",移步换景,让我们开启跨文化之旅吧!

新课标 新语 新学习

专题问道

德可以分为两种：一种是智慧的德，另一种是行为的德，前者是从学习中得来的，后者是从实践中得来的。

——亚里士多德

此刻，我们将开启整个学习之旅中的精华部分——专题问道。我们的旅程既以"语文"命名，自然就与"文字"结缘，与"思考"接轨，与"实践"接壤。

"含英咀华（学者谈片等）"，品读文字精华，我们希望给予你的是古今中外那些真正打动人心的文字，它们显示了人类飞翔的能力；"我思我在"，揭示思考路径，我们希望给予你的是从纷繁芜杂的表象抵达本质的眼睛；在"实践笃行"中，你学会情境应用，你接触到活的语文，它生长在真实的语境里。

专题 1

永恒的爱情

——探究爱情在中外戏剧中的表现

爱情,是一个引人遐想的词。它总是让人联想起玫瑰、红豆、相思、厮守等美丽的物、事与情怀。无论身处什么时代、哪个角落,大概没有人逃得过对它的憧憬与向往。古今中外,不知有多少人热烈地描绘过它,倾情地吟唱过它,深挚地歌颂过它……

毫无疑问,它是人类超越时空、超越阶级的共同情感,也是文艺作品永恒的主题。因为文化背景的差异,在世界不同地域里生活的人们心中,爱情的色彩也不尽相同。那么,差异到底何在?形成差异的文化根源又是什么?现在,就让我们以中西方戏剧中两个可爱的女主角为切入点,通过对多种文学样式中部分爱情题材的作品的学习,来感受、探究一番吧。

※ 含英咀华

无从逃避的离别①

莎士比亚

朱丽叶上。

朱丽叶 快快跑过去吧,踏着火云的骏马,把太阳拖回到它的安息的所在;但愿驾车的法厄同②鞭策你们飞驰到西方,让阴沉的暮夜赶快降临。展开你密密的帷幕吧,成全恋爱的黑夜!遮住夜行人的眼睛,让罗密欧悄悄地投入我的怀里,不被人

---

① 选自《莎士比亚悲剧五种》(人民文学出版社 2016 年版)。朱生豪译。标题为编者所加。
② 法厄同(Phaëthon),是希腊神话中日神的儿子,曾为其父驾驭日车,不能控制其马而闯离常道。故事见奥维德《变形记》第二章。

家看见也不被人家谈论!恋人们可以在他们自身美貌的光辉里互相缱绻;即使恋爱是盲目的,那也正好和黑夜相称。来吧,温文的夜,你朴素的黑衣妇人,教会我怎样在一场全胜的赌博中失败,把各人纯洁的童贞互为赌注。用你黑色的罩巾遮住我脸上羞怯的红潮,等我深藏内心的爱情慢慢地胆大起来,不再因为在行动上流露真情而惭愧。来吧,黑夜!来吧,罗密欧!来吧,你黑夜中的白昼!因为你将要睡在黑夜的翼上,比乌鸦背上的新雪还要皎白。来吧,柔和的黑夜!来吧,可爱的黑颜的夜,把我的罗密欧给我!等他死了以后,你再把他带去,分散成无数的星星,把天空装饰得如此美丽,使全世界都恋爱着黑夜,不再崇拜眩目的太阳。啊!我已经买下了一所恋爱的华厦,可是它还不曾属我所有;虽然我已经把自己出卖,可是还没有被买主领去。这日子长得真叫人厌烦,正像一个做好了新衣服的小孩,在节日的前夜焦躁地等着天明一样。啊!我的奶妈来了。

乳媪携绳上。

朱丽叶　她带着消息来了。谁的舌头上只要说出了罗密欧的名字,他就在吐露着天上的仙音。奶妈,什么消息?你带着些什么来了?那就是罗密欧叫你去拿的绳子吗?

乳　媪　是的,是的,这绳子。(将绳掷下)

朱丽叶　哎哟!什么事?你为什么扭着你的手?

乳　媪　唉!唉!唉!他死了,他死了,他死了!我们完了,小姐,我们完了!唉!他去了,他给人杀了,他死了!

朱丽叶　天道竟会这样狠毒吗?

乳　媪　不是天道狠毒,罗密欧才下得了这样狠毒的手。啊!罗密欧,罗密欧!谁想得到会有这样的事情?罗密欧!

朱丽叶　你是个什么鬼,这样煎熬着我?这简直就是地狱里的酷刑。罗密欧把他自己杀死了吗?你只要回答我一个"是"字,这一个"是"字就比毒龙眼里射放的死光更会致人死命。如果真有这样的事,我就不会再在人世,或者说,那叫你说声"是"的人,从此就要把眼睛紧闭。要是他死了,你就说"是";要是他没有死,你就说

专题问道

专题1 永恒的爱情——探究爱情在中外戏剧中的表现

"不";这两个简单的字就可以决定我的终身祸福。

乳　媪　我看见他的伤口,我亲眼看见他的伤口,慈悲的上帝!就在他的宽阔的胸上。一个可怜的尸体,一个可怜的流血的尸体,像灰一样苍白,满身都是血,满身都是一块块的血;我一瞧见就晕过去了。

朱丽叶　啊,我的心要碎了!——可怜的破产者,你已经丧失了一切,还是赶快碎裂了吧!失去了光明的眼睛,你从此不能再见天日了!你这俗恶的泥土之躯,赶快停止呼吸,复归于泥土,去和罗密欧同眠在一个圹穴里吧!

乳　媪　啊!提伯尔特,提伯尔特!我的顶好的朋友!啊,温文的提伯尔特,正直的绅士!想不到我活到今天,却会看见你死去!

朱丽叶　这是一阵什么风暴,一会儿又倒转方向!罗密欧给人杀了,提伯尔特又死了吗?一个是我的最亲爱的表哥,一个是我的更亲爱的夫君?那么,可怕的号角,宣布世界末日的来临吧!要是这样两个人都可以死去,谁还应该活在这世上?

乳　媪　提伯尔特死了,罗密欧放逐了;罗密欧杀了提伯尔特,他现在被放逐了。

朱丽叶　上帝啊!提伯尔特是死在罗密欧手里的吗?

乳　媪　是的,是的;唉!是的。

朱丽叶　啊,花一样的面庞里藏着蛇一样的心!那一条恶龙曾经栖息在这样清雅的洞府里?美丽的暴君!天使般的魔鬼!披着白鸽羽毛的乌鸦!豺狼一样残忍的羔羊!圣洁的外表包覆着丑恶的实质!你的内心刚巧和你的形状相反,一个万恶的圣人,一个庄严的奸徒!造物主啊!你为什么要从地狱里提出这一个恶魔的灵魂,把它安放在这样可爱的一座肉体的天堂里?哪一本邪恶的书籍曾经装订得这样美观?啊!谁想得到这样一座富丽的宫殿里,会容纳着欺人的虚伪!

乳　媪　男人都靠不住,没有良心,没有真心的;谁都是三心二意,反复无常,奸恶多端,尽是些骗子。啊!我的人呢?快给我倒点儿酒来;这些悲伤烦恼,已经使我老起来了。愿耻辱降临到罗密欧的头上!

朱丽叶　你说出这样的愿望,你的舌头上就应该长起水疱来!耻辱从来不曾和他在一

起,它不敢侵上他的眉宇,因为那是君临天下的荣誉的宝座。啊!我刚才把他这样辱骂,我真是个畜生!

乳媪　杀死了你的族兄的人,你还说他好话吗?

朱丽叶　他是我的丈夫,我应当说他坏话吗?啊!我的可怜的丈夫!你的三小时的妻子都这样凌辱你的名字,谁还会对它说一句温情的慰藉呢?可是你这恶人,你为什么杀死我的哥哥?他要是不杀死我的哥哥,我的凶恶的哥哥就会杀死我的丈夫。回去吧,愚蠢的眼泪,流回到你的源头;你那滴滴的细流,本来是悲哀的倾注,可是你却错把它呈献给喜悦。我的丈夫活着,他没有被提伯尔特杀死;提伯尔特死了,他想要杀死我的丈夫!这明明是喜讯,我为什么要哭泣呢?还有两个字比提伯尔特的死更使我痛心,像一柄利刃刺进了我的胸中;我但愿忘了它们,可是唉!它们紧紧地牢附在我的记忆里,就像萦回在罪人脑中的不可宥恕的罪恶。"提伯尔特死了,罗密欧放逐了!"放逐了!这"放逐"两个字,就等于杀死了一万个提伯尔特。单单提伯尔特的死,已经可以令人伤心了;即使祸不单行,必须在"提伯尔特死了"这一句话以后,再接上一句不幸的消息,为什么不说你的父亲,或是你的母亲,或是父母两人都死了,那也可以引起一点人情之常的哀悼?可是在提伯尔特的噩耗以后,再接连一记更大的打击,"罗密欧放逐了!"这句话简直等于说,父亲、母亲、提伯尔特、罗密欧、朱丽叶,一起被杀,一起死了。"罗密欧放逐了!"这一句话里面包含着无穷无际、无极无限的死亡,没有字句能够形容出这里面蕴蓄着的悲伤。——奶妈,我的父亲、我的母亲呢?

乳媪　他们正在抚着提伯尔特的尸体痛哭。你要去看他们吗?让我带着你去。

朱丽叶　让他们用眼泪洗涤他的伤口,我的眼泪是要留着为罗密欧的放逐而哀哭的。拾起那些绳子来。可怜的绳子,你是失望了,我们俩都失望了,因为罗密欧已经被放逐;他要借着你做接引相思的桥梁,可是我却要做一个独守空闺的怨女而死去。来,绳儿;来,奶妈。我要去睡上我的新床,把我的童贞奉献给死亡!

乳媪　那么你快到房里去吧;我去找罗密欧来安慰你,我知道他在什么地方。听着,你的罗密欧今天晚上一定会来看你;他现在躲在劳伦斯神父的寺院里,我就去找他。

专题问道

专题1　永恒的爱情——探究爱情在中外戏剧中的表现

朱丽叶　啊！你快去找他；把这指环拿去给我的忠心的骑士，叫他来作一次最后的诀别。

（各下）

写　真①

汤显祖

【破齐阵】(旦上)径曲梦回人杳，闺深佩冷魂销。似雾濛花，如云漏月，一点幽情动早。(贴上)怕待寻芳迷翠蝶，倦起临妆听伯劳②。春归红袖招。〔醉桃源〕"(旦)不经人事意相关，牡丹亭梦残。(贴)断肠春色在眉弯③，倩谁临远山④？(旦)排恨叠，怯衣单，花枝红泪⑤弹。(合)蜀妆⑥晴雨画来难，高唐云影间。"(贴)小姐，你自花园游后，寝食悠悠，敢为春伤，顿成消瘦？春香愚不谏贤，那花园以后再不可行走了。(旦)你怎知就里？这是："春梦暗随三月景，晓寒瘦减一分花。"

【刷子序犯】(旦低唱)春归恁寒峭，都来几日意懒心乔⑦，竟妆成熏香独坐无聊。逍遥，怎划尽助愁芳草，甚法儿点活心苗⑧！真情强笑为谁娇？泪花儿打迸着梦魂飘。

---

① 选自汤显祖《牡丹亭》(人民文学出版社1963年版)。汤显祖(1550—1616)，字义仍，号海若、若士、清远道人，临川(现江西省临川市)人，明代戏曲作家。《牡丹亭》，原名《牡丹亭还魂记》，据明人小说《杜丽娘慕色还魂》创作而成，是汤显祖的代表作。全剧共五十五出，讲述南安太守杜宝之女名丽娘，由《诗经·关雎》而伤春寻春，从花园回来后梦见自己与一持柳书生欢爱于牡丹亭畔。杜丽娘从此愁闷消瘦，一病不起。她在弥留之际要求母亲把她葬在花园的梅树下，嘱咐丫鬟春香将其自画像藏在太湖石底。不料世间真有一书生柳梦梅。三年后，柳梦梅赴京应试，借宿梅花庵观中，在太湖石下拾得杜丽娘画像，发现杜丽娘就是他梦中见到的佳人。杜丽娘魂游后园，和柳梦梅幽会。柳梦梅掘墓开棺，杜丽娘起死回生，两人结为夫妻。但杜宝拒不承认女儿婚事。最终，皇帝感慨二人的旷世奇缘，为得中状元的柳梦梅与杜丽娘赐婚，有情人终成眷属。选文中，情爱无望的杜丽娘忧思成疾，日渐憔悴，自怜青春美貌终将随生命的逝去而消逝，故描下自画像以祭奠自己的如花容颜。
② 伯劳：一名鹎，鸣禽类。
③ 断肠春色在眉弯：本周邦彦词《诉衷情》："一段伤春，都在眉间。"
④ 临远山：画眉毛。远山，眉毛的一种式样。见《赵后外传》。
⑤ 红泪：指花上的露水。这里是杜丽娘以花自喻。
⑥ 蜀妆：指巫山神女。巫山在四川，古为蜀国。
⑦ 都来：算来。心乔，心绪不好。
⑧ 逍遥，怎划尽助愁芳草，甚法儿点活心苗：划尽助愁的芳草，点活了心苗，才能逍遥自在。划，即铲。心苗，心。杜甫诗《愁》："江草日日唤愁生。"见《杜少陵集注详注》卷十八。秦观词《八六子》："恨如芳草萋萋，铲尽还生。"

美美与共
跨文化专题研讨

【朱奴儿犯】(贴)小姐,你热性儿怎不冰著,冷泪儿几曾干燥?这两度春游忒分晓,是禁不的燕抄莺闹①。你自窨约②,敢夫人见焦③。再愁烦,十分容貌怕不上九分瞧。(旦作惊介)咳,听春香言话,俺丽娘瘦到九分九了。俺且镜前一照,委是如何④?(照介)(悲介)哎也,俺往日艳冶轻盈,奈何一瘦至此!若不趁此时自行描画,流在人间,一旦无常⑤,谁知西蜀杜丽娘有如此之美貌乎!春香,取素绢、丹青,看我描画。(贴下取绢、笔上)"三分春色描来易,一段伤心画出难⑥。"绢幅、丹青,俱已齐备。(旦泣介)杜丽娘二八春容⑦,怎生便是杜丽娘自手生描也呵!

【普天乐】这些时把少年人如花貌,不多时憔悴了。不因他福分难销,可甚的红颜易老?论人间绝色偏不少,等把风光丢抹早⑧。打灭起离魂舍欲火三焦⑨,摆列着昭容阁文房四宝⑩,待画出西子湖眉月双高⑪。

【雁过声】(照镜叹介)轻绡,把镜儿擘掠⑫。笔花尖淡扫轻描。影儿呵,和你细评度⑬:你腮斗儿⑭恁喜谑,则待注樱桃⑮,染柳条⑯,渲云鬟烟霭飘萧⑰;眉梢青未了,个中人⑱全在秋波妙,可可的⑲淡春山钿翠小。

---

① 抄:同吵。
② 窨(yìn)约:思忖。
③ 敢夫人见焦:恐怕夫人焦心。
④ 委是:果然是,真的是。
⑤ 无常:这里是死的意思。
⑥ 一段伤心画出难:《元遗山诗集笺注》卷十二《俳体雪香亭杂咏》十五首:"一段伤心画不成。"
⑦ 春容:青春的容颜。
⑧ 等把风光丢抹早:都是很早就容颜衰歇了。
⑨ 离魂舍:躯壳,佛家语。欲火三焦:凡情。佛家所说的三欲:形貌欲、姿态欲、细触欲。一作饮食欲、睡眠欲、淫欲。三焦,原来是道家用语,意思和这里不同。三焦又是中医的术语。见《素问》《难经》。
⑩ 昭容阁:内宫。昭容,妃嫔之类的女官。全句,摆列着珍贵的文具。
⑪ 西子湖眉月:西子湖,比人;眉月,比眉毛。苏轼诗《饮湖上初晴后雨》:"若把西湖比西子,淡妆浓抹总相宜。"见《苏诗编注集成》卷九。
⑫ 擘掠:揩拭。
⑬ 评度(duó):评论。度,动词。
⑭ 腮头儿:颊。
⑮ 注樱桃:画朱唇。
⑯ 染柳条:画眉毛。
⑰ 烟霭飘萧:形容头发。
⑱ 个中人:此中人,这里是画中人。
⑲ 可可的:恰恰的。

专 题 问 道

专题1 永恒的爱情——探究爱情在中外戏剧中的表现

【倾杯序】(贴)宜笑,淡东风立细腰,又以被春愁著。(旦)谢半点江山,三分门户,一种人才,小小行乐,捻青梅闲厮调。① 倚湖山梦晓②,对垂杨风袅。忒苗条,斜添他几叶翠芭蕉。春香,橙③起来,可厮像也?

【玉芙蓉】(贴)丹青女易描,真色人难学。似空花水月④,影儿相照。(旦喜介)画的来可爱人也。咳,情知画到中间好,再有似生成别样娇。(贴)只少个姐夫在身傍。若是姻缘早,把风流婿招,少什么美夫妻图画在碧云高!(旦)春香,咱不瞒你,花园游玩之时,咱也有个人儿。(贴惊介)小姐,怎的有这等方便呵?(旦)梦哩!

【山桃犯】有一个曾同笑,待想象生描著,再消详邈入其中妙⑤,则女孩家怕漏泄风情稿。这春容呵,似孤秋片月离云峤,甚蟾宫贵客傍的云霄⑥?春香,记起来了。那梦里书生,曾折柳一枝赠我。此莫非他日所适之夫姓柳乎?故有此警报⑦耳。偶成一诗,暗藏春色,题于帧首之上何如?(贴)却好。(旦题吟介)"近睹分明似俨然,远观自在若飞仙。他年得傍蟾宫客,不在梅边在柳边。"(放笔叹介)春香,也有古今美女,早嫁了丈夫相爱,替他描模画样;也有美人自家写照,寄与情人。似我杜丽娘寄谁呵!

【尾犯序】心喜转心焦。喜的明妆俨雅,仙佩飘飘。则怕呵,把俺年深色浅,当了个金屋藏娇。⑧

---

① 谢半点江山,三分门户,一种人才,小小行乐,捻青梅闲厮调:半点江山,三分门户,这是指画中的景物;一种人才,指人,也就是杜丽娘自指。行乐,指人身画像。捻青梅,当本李白诗《长干行》:"郎骑竹马来,绕床弄青梅。同居长干里,两小无嫌猜。"见《全唐诗》卷六。白居易诗《井底引银瓶》:"妾弄青梅凭短墙,君骑白马傍垂杨。墙头马上遥相顾,一见知君即断肠。"见《白香山集》卷四。本剧写杜丽娘自画像手捻青梅是为了表达她对梦中情人的怀念。
② 倚湖山梦晓:此句以下也是写杜丽娘自画像中姿态。湖山,太湖山石,指太湖石堆叠的假山。
③ 橙,同帧,张开画幅。
④ 空花水月:形容真色难以捉摸。
⑤ 再消详邈入其中妙:再慢慢地把他的神情(妙)描入画中。邈,同描。参看蒋礼鸿《敦煌变文字义通释》。连下句,想把梦中的青年画在上面,又只怕泄漏了秘密。
⑥ 甚蟾宫贵客傍的云霄:谁能和画中的美人挨在一起呢? 蟾宫贵客,指新考中的进士。
⑦ 警报:预兆。
⑧ 则怕呵,把俺年深色浅,当了个金屋藏娇:只怕这张画老是藏着,年深月久,连色彩也褪了。金屋藏娇,刘彻(汉武帝)少年时,他的姑母问他,把表妹阿娇给他作老婆不好? 刘彻说:"好,若得阿娇作妇,当作金屋贮之也。"见《西京杂记·金屋贮阿娇》。

美美与共
跨文化专题研讨

虚劳,寄春容教谁泪落,做真真无人唤叫①。(泪介)堪愁夭,精神出现留与后人标②。春香,悄悄唤那花郎分付他。(贴叫介)(丑扮花郎上)"秦宫③一生花里活,崔徽不似卷中人④。"小姐有何分付?(旦)这一幅行乐图,向行家⑤裱去。叫人家收拾好些。

【鲍老催】这本色人儿妙,助美的谁家裱?要练花绡帘儿莹、边阑小⑥,教他有人问着休胡嘌⑦。日炙风吹悬衬的好,怕好物不坚牢⑧。把咱巧丹青休浣了。(丑)小姐,裱完了,安奉在那里?

【尾声】(旦)尽香闺赏玩无人到,(贴)这形模则合挂巫山庙⑨。(合)又怕为雨为云飞去了。

  (贴)眼前珠翠与心违,崔道融　(旦)却向花前痛哭归。韦　庄

  (贴)好写妖娆与教看,罗　虬　(旦)令人评泊画杨妃⑩。韩　偓

◎ 我思我在

  1. 读了上面两篇选文,相信你感受到了朱丽叶与杜丽娘心中燃烧着的爱情之火。请

---

① 做真真无人唤叫:唐人传奇:"唐进士赵颜于画工处得一软障,图一妇人甚丽。颜谓画工曰:'世无其人也。如可令生,余愿纳为妻。'画工曰:'余神画也,此亦有名,曰真真。呼其名百日,昼夜不歇,即必应之。应,则以百家彩灰酒灌之,必活。'颜如其言。遂呼之百日,昼夜不止。及应曰'诺'。急以百家彩灰酒灌之,遂呼之活。下步言笑,饮食如常。曰:'谢君召妾。妾愿事箕帚。'终岁,生一儿。年二岁,友人曰:'此妖也,必与君为患。余有神剑可斩之。'其夕遗颜剑。剑才及颜室,真真乃泣曰:'妾南岳地仙也。无何为人画妾之形,君又呼妾之名。既不夺君愿,君今疑妾,妾不可住。'言讫,携其子,却上软障。呕出先所饮百家彩灰酒。睹其障,唯添一孩子,皆是画焉。"见《太平广记》卷二八六引《闻奇录·画工》。
② 标:品题、鉴赏。
③ 秦宫:东汉大将军梁冀所宠幸的监奴名。这里借用作花郎自指。原句引自《李贺歌诗编》卷三《秦宫诗》。
④ 崔徽不似卷中人:说人消瘦了。《丽情集》载:妓女崔徽和裴敬中相爱,分别之后不再相见。崔徽请画工画了一幅像,托人带给敬中说:崔徽一旦不及卷中人,徽且为郎死矣!
⑤ 行家:专业匠人,此指裱画店。
⑥ 练:把织物煮熟漂白叫练,这里作形容词用。帘儿,裱好的画幅上方的空白处。
⑦ 胡嘌:胡说。
⑧ 好物不坚牢:白居易诗《简简吟》:"大都好物不坚牢,彩云易散琉璃脆。"见《白香山集》卷十二。
⑨ 合挂巫山庙:这一副模样只有挂在巫山庙里最合适。
⑩ 评泊:评说。《全唐诗》卷二十五韩偓《遥见》诗原句一作"评说",意义相近。全句形容画中杜丽娘很美,连杨贵妃的画像也比不上。

专题问道

专题 1　永恒的爱情——探究爱情在中外戏剧中的表现

说说哪些地方体现了两位女主人公的炽热深情，并与同学们交流。

2. 由于社会背景、文化与个性差异等多方面的原因，不同的作者在作品中进行情感抒发时，往往体现出不同的抒情风格：或直白，或含蓄；或热烈，或清远；或奔放，或克制……正如朱丽叶与杜丽娘，同样的青春貌美，同样的痴痴深情，然而，当她们在抒发这种深情时，抒情风格却是迥异的。请你结合文本，说说两者的不同。

3. 不同的抒情风格，是通过不同的艺术手法来创造的。莎士比亚和汤显祖在具体手法的运用上，又有哪些差异呢？你可以从抒情方法和修辞手法等艺术手段的角度入手，和同学共同讨论这个问题。

4. 两位女主人公虽然诞生于同一历史时期，但热情活泼的朱丽叶的爱情和内敛压抑的杜丽娘的爱情，显然存在着很大的差异。这是东西方不同的哲学思想、社会背景、戏剧观念、审美传统等多种因素共同作用的结果。请和同学合作，在阅读选文和查阅相关资料的基础上，从以上四个角度中任选一个，简要地阐述这种差异形成的文化根源。

※ 实践笃行

我该怎样好好去爱你
——中西方爱情的体验之旅

亲爱的同学们，正如本专题引言中所说的那样，爱情"是人类超越时空、超越阶级的共同情感，也是文艺作品永恒的主题"，但"因为文化背景的差异，在世界不同地域里生活的人们心中的爱情，也不尽相同"。朱丽叶与罗密欧一见钟情，他们的爱情里有月下盟誓，生死相随，他们把彼此看作完美的化身，用尽一切美丽的话语去形容之；而杜丽娘的爱情却不敢向谁倾诉，也无人可以倾诉，她见花伤神，对镜伤怀，甚至因此郁郁而终，却又因爱情死而复生。

事实上，不仅仅是在戏剧领域，在其他文学样式里，中西方作家笔下的爱情也有着类似的种种差异。从现在起，我们就将踏上这一趟中西方爱情体验之旅，通过对中西方其

美美与共
跨文化专题研讨

他文学样式的作品的对比研读和剧本的改写与朗读,进一步了解中西方爱情观念及其表达的差异。

在踏上旅途之前,请同学们自主寻找旅伴,组成旅行小组。然后依据以下"旅行攻略",开启本次主题研讨之旅。同学们可以在导游(老师)导览下行进,也可以只依靠自己和旅伴的力量走完全程。

本次爱情之旅将途经三站。每一站都要完成相应的旅行任务,老师和同学们将对你在旅程中的表现作出评价,作为本专题主题活动的成绩。

特别要指出的是,活动中参与程度的高低,会直接影响到你收获的多寡。为了让每一位同学都积极参与,你将接受活动参与情况的量化评价。

第一站:不一样的浪漫

同学们,准备好了吗?本次旅程即将开启,第一站的站名为"不一样的浪漫"。在这一站,我们将阅读一些不同样式的文学作品,通过它们,来了解中西方不同的爱情观,以及它们的作者表现爱情的方式。

为了有更丰厚的收获,我们需要做好以下准备:

1. 选择以爱情为主题的中西方小说各一部,摘录以主人公视角观察或描写其爱人容貌的语句。(选择建议:《茶花女》《红与黑》《红楼梦》等)

2. 选择观看中西方爱情电影各一部,感受主人公在爱情表达上的差异。(选择建议:《泰坦尼克号》《山楂树之恋》等)

3. 阅读《中西方文学作品爱情观对比研究》(钟晓红、康璐)、《从文学作品看中西方爱情婚姻观的异同》(王葵)、《从中西方文学作品中看爱情婚姻观的异同》(冯秀林)等中西方爱情观研究论文。

一、如花美眷

俗话说,"情人眼里出西施",在陷入爱情的人眼里,自己真爱的那个人总是世界上最美的。尽管中西方人的这种感觉基本上是一致的,但双方在表现这一点的时候却并不相同。

1. 在旅行前的准备中,你应该已经在一些中西方小说中,找到了作者透过主人公的

专题问道

专题1 永恒的爱情——探究爱情在中外戏剧中的表现

眼睛描绘爱人容貌的语句。现在,请把你找到的内容与旅伴们共享,并想一想:中国作家和西方作家在外貌描写的风格和方法上有什么差异呢?请把你的思考写下来,并与旅伴们交流。

参考选文

《茶花女》中阿尔芒眼中的玛格丽特

● 她服饰典雅,穿着一条镶满花边的细纱长裙,肩上披一块印度方巾,四角全是金镶边和丝绣的花朵,戴着一顶意大利草帽,还戴着一只手镯,那是当时刚刚时兴的一种粗金链子。

● 店铺里一个小伙计站在门口,目送这位穿着高雅的漂亮女顾客的车子远去。

于是我到处去寻找这个穿白衣服的绝代佳人。

● 讲到这里,玛格丽特从梳妆间走了出来,娇媚地戴着一顶睡帽,帽上缀着一束黄色的缎带,内行人把这种装饰叫作甘兰式缎结。

她这副模样非常动人。

● 这天晚上她有多美啊!

她是为了我才打扮得这样漂亮的吗?难道她爱我已经爱到了这般地步,认为她越是打扮得漂亮,我就越感到幸福吗?这我还不知道,但假使她真的是这样想的话,那么她是成功了,因为当她出现的时候,观众的脑袋像一片波涛似的纷纷向她转去,连舞台上的演员也对着她望,因为她刚一露面就使观众为之倾倒。

《红与黑》中于连与德·莱纳夫人眼中的彼此

● 德·莱纳夫人瞥见大门口有一张年轻的乡下人的脸,就从客厅开向花园的落地长窗走出来,活泼而优雅,没有丝毫的做作,像她平常远离男人的目光时一样。那乡下人几乎还是个孩子,脸色极苍白,刚刚哭过。他身着雪白的衬衫,臂下挟着一件很干净的紫色平纹格子花呢上衣。

● 于连猛地转过身,德·莱纳夫人的温情脉脉的目光打动了他,他不那么胆怯了。很快,他惊异于她的美,就把什么都忘了,甚至把他来干什么也忘了。

● 德·莱纳夫人呢,她完全被于连好看的面色,大而黑的眼睛迷惑了,还有他那漂亮的头发比平时更加卷曲,因为他为了凉快,刚刚在公共水池中浸过。

美美与共
跨文化专题研讨

- 德·莱纳夫人对孩子们的担心完全消除了,只是在这个时候,她才注意到于连的不寻常的美。他那近乎女性的容貌和困窘的神态,对一个自己就十分腼腆的女人来说,并不显得可笑。一般人认为男性美所必备的那种阳刚之气反倒教她害怕。

《红楼梦》中贾宝玉与林黛玉眼中的彼此

- 一时回来,再看,已换了冠带:头上周围一转的短发,都结成小辫,红丝结束,共攒至顶中胎发,总编一根大辫,黑亮如漆,从顶至梢,一串四颗大珠,用金八宝坠角,身上穿着银红撒花半旧大袄,仍旧带着项圈,宝玉,寄名锁,护身符等物,下面半露松花撒花绫裤腿,锦边弹墨袜,厚底大红鞋。越显得面如敷粉,唇若施脂,转盼多情,语言常笑。天然一段风骚,全在眉梢;平生万种情思,悉堆眼角。

- 厮见毕归坐,细看形容,与众各别:两弯似蹙非蹙罥烟眉,一双似喜非喜含情目。态生两靥之愁,娇袭一身之病。泪光点点,娇喘微微。闲静时如姣花照水,行动处似弱柳扶风。心较比干多一窍,病如西子胜三分。

2. 我们从小说的外貌描写中感受到的差异,在更为凝练的诗歌中体现得尤为充分。下面这两首诗歌,都写到爱人的美丽容颜。但拜伦与崔护的写法却有很大的不同。请你读一读、比一比,说说两者的不同之处。

雅典的少女①

[英] 拜伦

你是我的生命,我爱你。

雅典的少女呵,在我们分别前,
把我的心,把我的心交还!
或者,既然它已经和我脱离,
留着它吧,把其余的也拿去!
请听一句我临别前的誓语:
你是我的生命,我爱你。

---

① 选自《拜伦诗选》(上海译文出版社 1982 年版)。查良铮译。

专题问道

专题1　永恒的爱情——探究爱情在中外戏剧中的表现

　　我要凭那无拘无束的鬈发，
　　每阵爱琴海的风都追逐着它；
　　我要凭那墨玉镶边的眼睛，
　　睫毛直吻着你颊上的嫣红；
　　我要凭那野鹿似的眼睛誓语：
　　你是我的生命，我爱你。

　　还有我久欲一尝的红唇，
　　还有那轻盈紧束的腰身；
　　我要凭这些定情的鲜花，
　　它们胜过一切言语的表达；
　　我要说，凭爱情的一串悲喜：
　　你是我的生命，我爱你。

　　雅典的少女呵，我们分了手；
　　想着我吧，当你孤独的时候。
　　虽然我向着伊斯坦堡飞奔，
　　雅典却抓住我的心和灵魂：
　　我能够不爱你吗？不会的！
　　你是我的生命，我爱你。

题都护南庄①

[唐] 崔护

去年今日此门中，
人面桃花相映红。

---

① 选自《全唐诗》（中华书局1960年版）。

美美与共
跨文化专题研讨

人面不知何处去，

桃花依旧笑春风。

(1810年雅典)

二、一往而深

被爱人的外貌所吸引，只是爱情的序幕；真正的爱情，则出于心灵的依偎。古今中外有很多文学作品表现爱情的热烈与深刻，但中西方在抒发爱情的风格上有着几乎相反的差异。这一点，从本专题"含英咀华"部分的戏剧选文和上面这组诗歌中，我们都可以有直观的感知。

1. 现在，你可以梳理一下这种抒情风格的差异吗？

2. 这种不同的抒情风格，是描写内容侧重点不同、抒情方式不同等多种因素造成的。从下面这组诗歌中，你能发现这些不同之处吗？可以将你的思考记录在诗后的文本框里。

我曾经爱过你①

[俄] 普希金

我曾经爱过你：爱情，也许

在我的心灵里还没有完全消亡；

但愿它不会再打扰你；

我也不想再使你难过悲伤。

我曾经默默无语、毫无指望地爱过你，

我既忍受着羞怯，又忍受着嫉妒的折磨；

我曾经那样真诚、那样温柔地爱过你，

但愿上帝保佑你，另一个人也会像我爱你一样。

(1829年)

蝶恋花②

[宋] 柳永

伫倚危楼风细细。望极春愁，黯黯生天际。草色烟光残照里。无言谁会凭阑意。

---

① 选自《普希金诗选》(花城出版社2012年版)。戈宝权译。这原是一首无题诗，诗题为译者所加。
② 选自《柳永词选注》(人民文学出版社2007年版)。张惠民、张进选注。

专 题 问 道

专题1 永恒的爱情——探究爱情在中外戏剧中的表现

拟把疏狂图一醉,对酒当歌,强乐还无味。衣带渐宽终不悔,为伊消得人憔悴。

- 你的思考:

3. 除了戏剧与诗歌,你是否可以运用平时和课前准备中的小说阅读、影片观赏的相关积累,从小说与影视的角度,为以上第1、第2个问题提供一些例证呢?

第二站:从东方走向西方

同学们,经过第一站的旅程,相信你对中西方爱情及其表达有了更为深刻的认识。它们之间的差异是很明显的。不知道你是否设想过,中国古典文艺作品里那些因为爱情而生生死死的人们,如果是生活在朱丽叶与罗密欧们生活的地方与时代,他们的爱情故事又会如何演绎呢?接下来,我们就要进入第二站——从东方走向西方,亲自动手改写中国古典戏曲剧本,赋予中国的爱侣们以西方的灵魂,来进一步体会中西方文化的差异。

为了让你的旅行更有收获,你需要与旅伴们做好以下准备:

1. 重温《罗密欧与朱丽叶》选文,熟悉话剧剧本的体例;

2. 熟悉改写要求:

1) 准确把握西方戏剧的时空特点(故事发生在集中的时间和地点);

2) 有激烈的矛盾冲突;

3) 人物形象鲜明生动,有能揭示人物个性的细节,能充分展现特定情境下人物的内心世界;

4) 语言流畅、有文采,符合人物身份与性格;

5) 充分体现西方戏剧写实、拟真的特点和直白热烈的抒情特点。

3. 从以下中国古典戏曲作品片段中选择一个,作为你们旅行小组的修改对象,了解片段所属的整部作品情况,并细读该片段。

1) 王实甫《西厢记》,第一本:张君瑞闹道场,第三折;

2) 汤显祖《牡丹亭》,第十二出:寻梦;

3) 汤显祖《紫钗记》,第二十出:春愁望捷;

4) 洪昇《长生殿》,第廿二出:密誓。

4. 做一些必要的构思。

一、剧本改写

每位同学根据要求,在第二站旅程中完成剧本改写;如旅途时间紧张,也可在第二站的旅程开始前完成改写。

二、品评修改

1. 熟悉标准

从东方走向西方戏剧剧本改写与品评标准

时空概念(15分)	准确把握西方戏剧的时空特点(故事发生在较为集中的时间和地点)。
矛盾设置(10分)	安排激烈的矛盾冲突。
人物塑造(20分)	人物形象鲜明生动,有能揭示人物个性的细节,能充分展现特定情境下人物的内心世界。
语言表达(20分)	语言流畅、有文采,符合人物身份与性格。
风格把握(15分)	充分体现西方戏剧写实、拟真的特点,和直白热烈的抒情特点。

2. 交流品评

我相信同学们都根据构思顺利完成了戏剧剧本的改写。接下来,我们将开始品评旅伴们的成果,并推荐出优秀作品。首先,请大家根据以上改写与品评标准,对旅行小组内除了本人作品以外的其他作品进行品评打分;接着,请大家推荐出本组最优秀的习作1—2篇。这些习作在经过修改之后,将在旅行的第三站以剧本朗读的形式被搬上舞台。

3. 佳作修改

被荐作品的修改工作需要大家共同参与,并请作者最终完成。每位同学都可以提出修改建议。请把你的修改建议写出来,交给相关作品的作者。优秀习作的作者根据同学

专题问道

专题1 永恒的爱情——探究爱情在中外戏剧中的表现

的修改建议,在老师的指导下进行剧本修改。请注意,是否提出修改建议,提出的意见是否有效,将被计入专题活动的总得分之中。

第三站:朗读者的欢聚

同学们,经过了前两站的旅行,第三站就在不远处等着我们了。在第三站,我们将粉墨登场,以朗读剧本的形式,把推荐出来的优秀习作搬上舞台,以自己艺术的热情,点燃欢聚的火把。

为了让旅程的最后一站给本次旅行画上圆满的句号,请各位同学做好如下准备:

1. 推荐出来作为朗读会朗读剧本的优秀习作,完成最终修改。

2. 面向全体旅行者招募朗读会导演一名,演员(朗读者)若干,幕后人员(舞美、灯光、音效、服装、道具、化妆)若干。

3. 导演将在老师的指导下,负责活动的组织工作:面向全体学生招募朗读者;构思朗读会的呈现方式;组织幕后各部门完成相关工作,并对幕后各部门的工作成果把关,提出修改意见,直至符合演出要求;组织节目排练。

现在,我们将正式进入最后一站——"朗读者的欢聚"!你,准备好了吗?

一、剧本朗读

二、择日演出

三、活动评价

评价采用百分制。结果评价占70%。就是对你改写的剧本作出评价,根据评价标准酌情给分。具体标准见《从东方走向西方戏剧剧本改写品评标准》。过程评价占30%。就是由组内同伴根据规则对你参与阅读讨论、习作推荐,提出修改建议,参与朗读会筹备与演出的具体表现作出评价,酌情给分。具体标准如下:

"我该怎样好好去爱你"主题活动过程评价表

环 节	评 分 规 则
"不一样的浪漫"阅读讨论(10分)	积极参与阅读与讨论,对每一个思考题发表自己的看法。
习作推荐(6分)	根据习作品评的参与程度,酌情给分。

(续表)

环 节	评 分 规 则
修改提升(6分)	为优秀习作提供修改意见,根据提出修改意见的数量和质量,酌情给分。
朗读会表现(8分)	原则上每人最多只可担任朗读会台前幕后工作一项。根据工作量和完成情况,酌情给分。

专题 2

走出苦难

—— 中西方文学对苦难的救赎

在最好奇的年龄,你一定问过自己:"人为什么活着却要受苦?活着受苦的意义是什么?"因为如果人生于世只是经历快乐幸福,那么"活着"作为事件本身的重要性就会远大于事件背后的意义:享受活着的当下会成为人生的全部内容,而对于意义问题的思考将会成为一个沉重而无聊的伪命题。我们追寻活着的意义,其实就是在为自己必然受苦的人生寻找救赎的出路。苦难,已成为千百年来人类语言中最晦涩难解的一个问句,无数次地出现在主要由肯定句堆砌而成的人类历史中。我们希望能找到一种信念,不断在耳边提醒我们活着的意义,支撑我们行走在这片充斥着苦难的大地上。人之所以为人,其伟大处就产生于解答苦难、寻找救赎、赋予活着以意义的这一过程——于是就有了诗人之歌。诗人追寻意义、歌唱意义,在每一寸土地上播种意义,使我们获得庇护生命的绿荫。而有一天,当诗人选择结束自己的生命,将自己扎入荒原荆棘中最尖、最长的一枝,向他所身处的世界投出最后一缕哀音——和他一起埋葬的,是旧神祇新被杀死的身体,留下来的是一群上无片瓦遮蔽、下无寸土立足的空心人。

※ 含英咀华

楚辞·卜居[①]

屈原

屈原既放,三年不得复见。竭知[②]尽忠,而蔽鄣[③]于谗。心烦虑乱,不知所从。往见

[①] 选自《楚辞》(中华书局 2010 年版)。
[②] 知:同"智",智慧,才干。
[③] 蔽鄣:遮蔽,阻挠。蔽,雍塞,蒙蔽。鄣,通"障",阻塞。

美美与共

跨文化专题研讨

太卜郑詹尹曰①:"余有所疑,愿因先生决之②。"詹尹乃端策拂龟③,曰:"君将何以教之④?"

屈原曰:"吾宁悃悃款款朴以忠乎⑤?将送往劳来斯无穷乎⑥?宁诛锄草茅以力耕乎?将游大人以成名乎?宁正言不讳以危身乎?将从俗富贵以媮生乎⑦?宁超然高举以保真乎⑧?将哫訾栗斯⑨,喔咿儒儿以事妇人乎⑩?宁廉洁正直以自清乎?将突梯滑稽⑪,如脂如韦⑫,以洁楹乎⑬?宁昂昂若千里之驹乎?将氾氾若水中之凫乎⑭,与波上下,偷以全吾躯乎?宁与骐骥亢轭乎⑮?将随驽马之迹乎?宁与黄鹄比翼乎⑯?将与鸡鹜争食乎⑰?此孰吉孰凶?何去何从?世溷浊而不清,蝉翼为重,千钧为轻⑱;黄钟毁弃⑲,瓦釜雷鸣⑳;谗人高张㉑,贤士无名。吁嗟默默兮㉒,谁知吾之廉贞!"

詹尹乃释策而谢,曰:"夫尺有所短,寸有所长,物有所不足,智有所不明,数有所不逮㉓,神有所不通。用君之心,行君之意。龟策诚不能知事㉔。"

---

① 太卜:古代官名,周时属春官,为卜官之长。郑詹尹:太卜的姓名。一说郑,表示郑国,或即是姓;詹,即"占",占卜、占筮的意思;尹,官名。
② 因:通过,凭借,依靠。决:分辨,判断。
③ 端:摆放整齐。策:古代卜筮用的蓍草。龟:龟甲,古代用作占卜之具。
④ 教:告诉。
⑤ 宁:宁可,宁愿,愿意,想做。悃悃(kǔn)款款:忠诚勤恳的样子。朴:本性,本质。
⑥ 送往:送别去者。劳来:慰问、劝勉归服的人。来,归服,此指归服的人。
⑦ 媮(tōu)生:苟且求活,无所作为地生活。
⑧ 超然:形容远走高飞、遗世独立的样子。高举:远离尘嚣,这里指隐退山林。
⑨ 哫訾(zú zī):阿谀奉承。栗斯:献媚之态。
⑩ 喔咿(wō yī):献媚强笑的样子。儒儿:强颜欢笑的样子。
⑪ 突梯滑(gǔ)稽:委婉顺从,圆滑随俗。
⑫ 韦:本指熟牛皮,此处意为"柔软"。
⑬ 楹(yíng):厅堂的前柱。
⑭ 氾氾:漂浮、浮行的样子。亦作"汎汎"。凫(fú):野鸭。乎:一本无"乎"字,当从之。
⑮ 亢轭(kàng è):齐驱并驾。
⑯ 黄鹄(hú):鸟名,这里喻指高才贤士。
⑰ 鸡鹜(wù):鸡和鸭,这里喻指小人或平庸的人。
⑱ 千钧:代表最重的东西。古制三十斤为一钧。
⑲ 黄钟:古乐中十二律之一,是最响最宏大的声调。这里指声调合于黄钟律的大钟。
⑳ 瓦釜:陶制的锅,这里代表鄙俗的音乐。
㉑ 高张:居高位而嚣张跋扈。
㉒ 吁嗟(xū jiē):感慨,叹息。默默:形容无话可说的样子。
㉓ 不逮:比不上,不及。
㉔ 知事:一作"知此事",当从之。

专 题 问 道

专题2 走出苦难——中西方文学对苦难的救赎

◎ 我思我在

1. "屈原既放,三年不得复见"是指屈原怎么样的遭遇?

2. "宁……将……"是表示什么关系的关联词?八组"宁……将……"的句式传递出屈原怎样的人生信念?分析过程中请有意识地揭示出文学手法,以手法结合内容来展开你的论述。

3. 此诗假设主客,一问一答,开后世辞赋宾主问答体的滥觞。吴文英说:"盖悲愤之中假此戏剧之文而自慰也与。"既然信念坚定,我们又该如何理解他一开始所说的"余有所疑"?太卜的筹策能卜天命,但不能给屈原的痛苦以答案,说明了屈原怎样的困境?

热 爱 生 命①

[美] 杰克·伦敦

他一动不动地躺了好一会儿,温和的太阳照在他身上,使他那受苦受难的身体充满了暖意。这是一个晴天,他想道。

……

他听到背后有一种吸鼻子的声音——仿佛喘不出气或者咳嗽的声音。由于身体极端虚弱和僵硬,他极慢极慢地翻一个身。他看不出附近有什么东西,但是他耐心地等着。又听到了吸鼻子和咳嗽的声音,离他不到二十呎远的两块巉岩之间,他隐约看到一只灰狼的头。那双尖耳朵并不像别的狼那样竖得笔挺;它的眼睛昏暗无光,布满血丝;脑袋好像无力地、苦恼地耷拉着。这个畜生不断地在太阳光里霎眼。它好像有病。正当他瞧着它的时候,它又发出了吸鼻子和咳嗽的声音。

……

他很冷静,很沉着。虽然身体衰弱已极,但是并没有痛苦的感觉。他一点也不饿。甚至想到食物也不会产生快感。现在,他无论做什么,都只凭理智。他齐膝盖撕下了两

---

① 节选自杰克·伦敦《热爱生命》(上海社会科学院出版社2004年版)。万紫译。

美美与共
跨文化专题研讨

截裤腿,用来裹脚。他总算还保住了那个白铁罐子。他打算先喝点热水,然后再开始向船走去,他已经料到这是一段可怕的路程。

他的动作很慢。他好像半身不遂地哆嗦着。等到他预备去收集干苔的时候,他才发现自己已经站不起来了。他试了又试,后来只好死了这条心,他用手和膝盖支着爬来爬去。有一次,他爬到了那只病狼附近。那个畜生一面很不情愿地避开他,一面用那条好像连弯一下的力气都没有的舌头舐着自己的牙床。这个人注意到它的舌头并不是通常那种健康的红色,而是一种暗黄色,好像蒙着一层粗糙的、半干的黏膜。

这个人喝下热水之后,觉得自己可以站起来了,甚至还可以像想象中一个快死的人那样走路了。他每走一两分钟,就不得不停下来休息一会儿。他的步子软弱无力,很不稳,就像跟在他后面的那只狼一样又软又不稳;这天晚上,等到黑夜笼罩了光辉的大海的时候,他知道他和大海之间的距离只缩短了不到四哩。

这一夜,他总是听到那只病狼咳嗽的声音,有时候,他又听到了一群小驯鹿的叫声。他周围全是生命,不过那是强壮的生命,非常活跃而健康的生命,同时他也知道,那只病狼所以要紧跟着他这个病人,是希望他先死。早晨,他一睁开眼睛就看到这个畜生正用一种如饥似渴的眼光瞪着他。它夹着尾巴蹲在那儿,好像一条可怜的倒楣的狗。早晨的寒风吹得它直哆嗦,每逢这个人对它勉强发出一种低声咕噜似的吆喝,它就无精打采地龇着牙。

太阳亮堂堂地升了起来,这一早晨,他一直在绊绊跌跌地,朝着光辉的海洋上的那条船走。天气好极了。这是高纬度地方的那种短暂的晚秋。它可能连续一个星期。也许明后天就会结束。

……

他走到了一个水坑旁边。就在他弯下腰找鲦鱼的时候,他猛然仰起头,好像给戳了一下。他瞧见了自己反映在水里的脸。脸色之可怕,竟然使他一时恢复了知觉,感到震惊了。这个坑里有三条鲦鱼,可是坑太大,不好舀;他用白铁罐子去捉,试了几次都不成,后来他就不再试了。他怕自己会由于极度虚弱,跌进去淹死。而且,也正是因为这一层,他才没有跨上沿着沙洲并排漂去的木头,让河水带着他走。

这一天,他和那条船之间的距离缩短了三哩;第二天,又缩短了两哩——因为现在他是跟比尔先前一样地在爬;到了第五天末尾,他发现那条船离开他仍然有七哩,而他每天

专题问道

专题2 走出苦难——中西方文学对苦难的救赎

连一哩也爬不到了。幸亏天气仍然继续放晴,他于是继续爬行,继续晕倒,辗转不停地爬;而那头狼也始终跟在他后面,不断地咳嗽和哮喘。他的膝盖已经和他的脚一样鲜血淋漓,尽管他撕下了身上的衬衫来垫膝盖,他背后的苔藓和岩石上仍然留下了一路血渍。有一次,他回头看见病狼正饿得发慌地舐着他的血渍,他不由得清清楚楚地看出了自己可能遭到的结局——除非——除非他干掉这只狼。于是,一幕从来没有演出过的残酷的求生悲剧就开始了——病人一路爬着,病狼一路跛行着,两个生灵就这样在荒原里拖着垂死的躯壳,相互猎取着对方的生命。

如果这是一条健康的狼,那么,他觉得倒也没有多大关系;可是,一想到自己要喂这么一只令人作呕、只剩下一口气的狼,他就觉得非常厌恶。他就是这样吹毛求疵。现在,他脑子里又开始胡思乱想,又给幻象弄得迷迷糊糊,而神智清楚的时候也愈来愈少,愈来愈短。

有一次,他从昏迷中给一种贴着他耳朵喘息的声音惊醒了。那只狼一跛一跛地跳回去,它因为身体虚弱,一失足摔了一跤。样子可笑极了,可是他一点也不觉得有趣。他甚至也不害怕。他已经到了这一步,根本谈不到那些。不过,这一会儿,他的头脑却很清醒,于是他躺在那儿,仔细地考虑。那条船离他不过四哩路,他把眼睛擦净之后,可以很清楚地看到它;同时,他还看出了一条在光辉的大海里破浪前进的小船的白帆。可是,无论如何他也爬不完这四哩路。这一点,他是知道的,而且知道以后,他还非常镇静。他知道他连半哩路也爬不了。不过,他仍然要活下去。在经历了千辛万苦之后,他居然会死掉,那未免太不合理了。命运对他实在太苛刻了,然而,尽管奄奄一息,他还是不情愿死。也许,这种想法完全是发疯,不过,就是到了死神的铁掌里,他仍然要反抗它,不肯死。

他闭上眼睛,极其小心地让自己镇静下去。疲倦像涨潮一样,从他身体的各处涌上来,但是他刚强地打起精神,绝不让这种令人窒息的疲倦把他淹没。这种要命的疲倦,很像一片大海,一涨再涨,一点一点地淹没他的意识。有时候,他几乎完全给淹没了,他只能用无力的双手划着,漂游过那黑茫茫的一片;可是,有时候,他又会凭着一种奇怪的心灵作用,另外找到一丝毅力,更坚强地划着。

他一动不动地仰面躺着,现在,他能够听到病狼一呼一吸地喘着气,慢慢地向他逼近。它愈来愈近,总是在向他逼近,好像经过了无穷的时间,但是他始终不动。它已经到了他耳边。那条粗糙的干舌头正像砂纸一样地磨擦着他的两腮。他那两只手一下子伸

美美与共
跨文化专题研讨

了出来——或者,至少也是他凭着毅力要它们伸出来的。他的指头弯得像鹰爪一样,可是抓了个空。敏捷和准确是需要力气的,他没有这种力气。

那只狼的耐心真是可怕。这个人的耐心也一样可怕。这一天,有一半时间他一直躺着不动,尽力和昏迷斗争,等着那个要把他吃掉、而他也希望能吃掉的东西。有时候,疲倦的浪潮涌上来,淹没了他,他会做起很长的梦;然而在整个过程中,不论醒着或是做梦,他都在等着那种喘息和那条粗糙的舌头来舐他。

他并没有听到这种喘息,他只是从梦里慢慢苏醒过来,觉得有条舌头在顺着他的一只手舐去。他静静地等着。狼牙轻轻地扣在他手上了;扣紧了;狼正在尽最后一点力量把牙齿咬进它等了很久的东西里面。可是这个人也等了很久,那只给咬破了的手也抓住了狼的牙床。于是,慢慢地,就在狼无力地挣扎着,他的手无力地掐着的时候,他的另一只手已经慢慢摸过来,一下把狼抓住。五分钟之后,这个人已经把全身的重量都压在狼的身上。他的手的力量虽然还不足以把狼掐死,可是他的脸已经紧紧地压住了狼的咽喉,嘴里已经满是狼毛。半小时后,这个人感到一小股暖和的液体慢慢流进他的喉咙。这东西并不好吃,就像硬灌到他胃里的铅液,而且是纯粹凭着意志硬灌下去的。后来,这个人翻了一个身,仰面睡着了。

捕鲸船"白德福号"上,有几个科学考察队的人员。他们从甲板上望见岸上有一个奇怪的东西。它正在向沙滩下面的水面挪动。他们没法分清它是哪一类动物,但是,因为他们都是研究科学的人,他们就乘了船旁边的一条捕鲸艇,到岸上去察看。接着,他们发现了一个活着的动物,可是很难把它称作人。它已经瞎了,失去了知觉。它就像一条大虫子在地上蠕动着前进。它用的力气大半都不起作用,但是它老不停,它一面摇晃,一面向前扭动,照它这样,一点钟大概可以爬上二十呎。

三星期以后,这个人躺在捕鲸船"白德福号"的一个铺位上,眼泪顺着他的瘦削的面颊往下淌,他说出他是谁和他经过的一切……

◎ **我思我在**

1. 文本中有很多关于人、狼的细节描写,请你在下方表格中按要求分别在每个空格中抄录三处最打动你的细节,来表现人与狼艰难抗争的生存状态。

专题问道

专题2　走出苦难——中西方文学对苦难的救赎

	濒　　死	求　　生
人		
狼		

2. 请你谈谈对标题《热爱生命》的理解。

※ 实践笃行

诸神的黄昏

——审丑的20世纪

一、活动导入

雅斯贝尔斯在《都灵之马》中这样评价由战争开局的20世纪："第一次世界大战后，不仅欧洲到了日薄西山之时，而且地球上的一切文化均已处在暮霭沉沉之中。人类的末日，任何一个民族和任何一个人均不能逃脱的一次重新铸造——不论是毁灭也罢，新生也罢——都已经被人们预感到了。"在众神陨落的年代，我们再也找不到颠扑不破的绝对信念在神龛中供人不计付出地朝拜，一切价值观都面临着被重估的境遇。

艺术之美曾经为诗人提供过一方心灵疗救之所。但就连向来积极歌颂美的艺术界，也在现代迎来了"审丑"的潮流。可以说，现代艺术重新以"丑"定义了"美"。信念的丧失抽离了艺术中对于美的追求。听听马里内蒂在他的《未来主义文学的技法宣言》中对未来艺术的大声呼唤吧："我们要勇勇敢敢地代表文学里的'丑'，只要发现正经严肃，就加以谋杀。算了吧！我说话的时候，你们可以丢掉高级又有力的教士们的那种派头！人们必须每天对艺术的圣坛吐口水！"

他要发现怎样的"丑"？这些"丑"又何以成了艺术？审丑的艺术革命又预示着怎样

的救赎道路？为了回答这些问题，先让我们来直观的感受一下现代艺术之"丑"与古典艺术之"美"的碰撞。

二、活动内容

看图说话：以下是四组艺术作品，每组作品都有两幅分别能够引起人审美和审丑心理的艺术品。请你和伙伴四人，分别选择其中的一组艺术品，完成以下任务。

组一：战争

毕加索《格尔尼卡》

雅克·路易·大卫《雷奥尼达在温泉关》

组二：女人

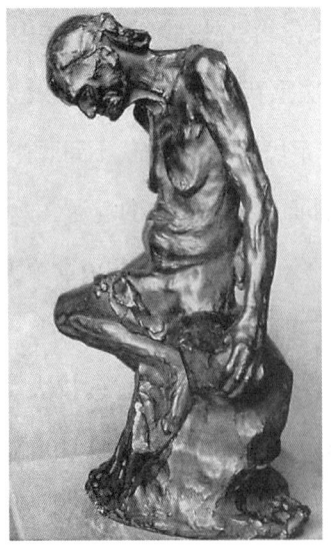

罗丹《欧米埃尔》

鲁本斯《镜中的维纳斯》

专 题 问 道

专题 2 走出苦难——中西方文学对苦难的救赎

组三：男人

爱德华·蒙克《尖叫》　　　　　　阿尔布雷特·丢勒《自画像》

组四：艺术品

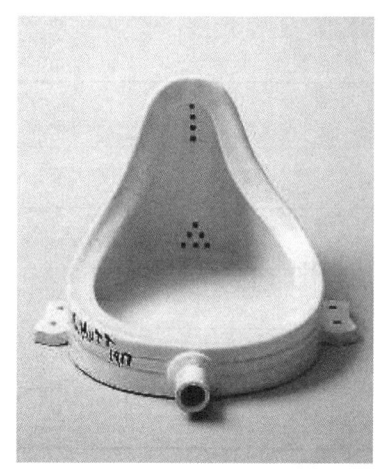 

杜尚《喷泉》　　　　　　　凡尔赛宫喷泉

三、活动步骤

第一步：我选择的是第_____组艺术品。

其中，_____是审美的作品，_____是审丑的作品。（填上作品名）

第二步：请查找你所选艺术品的背景和内容，提炼关键信息，总结在下方的横线中。

_____
_____
_____
_____
_____
_____

第三步：请在下方表格中，为你所选择的艺术作品归纳关键词，来表现它们分别代表的"美"与"丑"的具体内容。关键词不少于4组，每一组尽量选择具有对比性的关键词突出"美"与"丑"的对立，如示例中的"愉悦"与"痛苦"。

这里所指的美丑内容可以从各个角度来思考，如：作品本身的故事内容、技法风格；读者的观感、情绪；艺术家的思想情感、审美趣味；反映出当时社会在政治、经济、文化等等各方面的潮流和变革……

	美	丑
示　例	愉悦	痛苦
关键词1		
关键词2		
关键词3		
关键词4		

第四步：请你对上题的几组关键词进行适当的拓展和阐释，在此基础上，和小伙伴们在下面横线上概括你们所理解的艺术品审丑的具体内涵。

这里所指的审丑内涵可以从各个角度来思考，如：是什么原因使得艺术品的主题相同而在表现手法上美丑相对？审丑的艺术为审美的艺术传统带来了什么新的启示？艺术品变丑的意义在哪里？……

专 题 问 道

专题2 走出苦难——中西方文学对苦难的救赎

组别	审丑内涵
一	
二	
三	
四	

第五步：分享时间到了。请就以上三部分内容准备一个15—20分钟的口头报告：以你对艺术品审丑潮流的思考，谈一谈对于导语中"一切价值观都面临着重估的境遇"这句话的理解。

第六步：不仅在西方，同时期的中国也面临着"一切价值观都面临着重估的境遇"的精神变革。传统道家精神为中国诗人所提供的逍遥出路，也在新时期中面临着全新的检验。请阅读鲁迅所著《故事新编·出关》，就以下三方面将其和传统文本进行对比，完成以下表格，谈谈你对在近代中国发生的"一切价值观都面临着重估的境遇"的理解。注意：传统文本指的是能够体现对老子传统理解的任意相关文本，中西不论，请查阅相关资料。

	传统文本	《出关》文本	对比心得
老子形象		"好像一段呆木头。"	

(续表)

	传统文本	《出关》文本	对比心得
出关经历	《史记·老庄申韩列传》:"老子修道德,其学以自隐无名为务。居周久之,见周之衰,乃遂去"。 《列异传》:"老子西游,关令尹喜望见其有紫气浮关,而老子果乘青牛而过"。 布莱希特:"当他年逾古稀,身体羸弱,期盼宁静之心,复又涌动,但因国中善良,再度衰弱,邦内邪恶,再度逞凶。大师系上鞋子,踏上旅途。"		
评价《道德经》			

专题 3

文本的旅行
——探究英汉传译的文化意义

在本任务群第一个专题里,我们领略了汤显祖《牡丹亭》之美,并与《罗密欧与朱丽叶》比较阅读,感受了中西文学在书写爱情时的同与不同。同学们能不能猜到 2016 年(莎翁逝世 400 年纪念),伦敦书店的书架上除了立着一排莎士比亚剧作外,还一并陈列了哪本书?那就是许渊冲中译英的《牡丹亭》。杜丽娘因为译者的牵线,竟漂洋过海到了英伦,与朱丽叶有了一次跨越语言、跨越时空的真正"相遇"。

一旦文字被翻译,长途跋涉至异国他乡,它们会发生怎样的奇特遭遇?如果我们同时阅读原本和译本,又会目睹什么样的奇观?在这个专题,我们将拥有这一神奇体验:我们将看到元杂剧《赵氏孤儿大报仇》是如何经由翻译在清朝初年旅行至欧洲,小仲马的《茶花女》又是如何在译者的巧妙安排下与晚清读者相见。我们还会亲自体验翻译中为了沟通两国文化产生的各种挑战,并在这个过程中学习如何成为一个译者。

※ 含英咀华

赵氏孤儿大报仇①

纪君祥

(外扮魏绛领张千上,云)小官乃晋国上卿魏绛是也。方今悼公在位,有屠岸贾专权,将赵盾满门良贱尽皆杀绝。谁想赵朔门下有个程婴,掩藏了赵氏孤儿,今经二十年

---

① 节选自《赵氏孤儿》(上海古籍出版社 2010 年版),顾学颉注释。元杂剧《赵氏孤儿》全名《冤报冤赵氏孤儿》,又名《赵氏孤儿大报仇》。戏剧讲述了春秋时期晋贵族赵氏被奸臣屠岸贾陷害而惨遭灭门,幸存下来的赵氏孤儿长大后为家族复仇的故事。

美美与共
跨文化专题研讨

光景,改名程勃。今早奏知主公,要擒拿屠岸贾,雪父之仇。奉主公的命,道屠岸贾兵权太重,诚恐一时激变;着程勃暗暗的自行捉获,仍将他阖门良贱,龆龀①不留。成功之后,另加封赏。小官不敢轻泄,须亲对程勃传命去来。(诗云)忠臣受屠戮,沉冤二十年;今朝取奸贼,方知冤报冤。(下。正末躧马②仗剑上,云)某程勃,今早奏知主公,擒拿屠岸贾,报父祖之仇。这老贼是好无礼也呵。(唱)

【正宫】【端正好】也不索列兵卒,排军将,动着些阔剑长枪,我今日报仇舍命诛奸党,总是他命尽也合身丧。

【滚绣毬】只在这闹街坊弄一场,我和他决无轻放,恰便似虎扑绵羊。我可也不索慌不索忙,早把手脚儿十分打当③,看那厮怎做提防?我将这二十年积下冤仇报,三百口亡来性命偿,我便死也何妨?

(云)我只在这闹市中等候着,那老贼敢待来也。(屠岸贾领卒子上,云)今日在元帅府,回还私宅中去。令人,摆开头踏④,慢慢的行者。(正末云)兀的不是那老贼来了也!(唱)

【倘秀才】你看那雄赳赳头踏数行,闹攘攘跟随的在两厢;你看他腆⑤着胸脯妆些儿势况。我这里骤马如流水,掣剑似秋霜,向前来赌当⑥。

(屠岸贾云)屠成,你来做甚么?(正末云)兀那老贼,我不是屠成,则我是赵氏孤儿。二十年前你将俺三百口满门良贱诛尽杀绝,我今日擒拿你个老匹夫,报俺家的冤仇也。(屠岸贾云)谁这般道来?(正末云)是程婴道来。(屠岸贾云)这孩子手脚来的⑦,不中⑧,我只是走的干净。(正末云)你这贼走那里去?(唱)

【笑和尚】我我我,尽威风八面扬,你你你,怎挣閛⑨怎拦挡?早早早唬的他魂飘荡,休休

---

① 龆(tiáo)龀(chèn):小孩换齿之年,约七八岁;泛指童年。
② 躧马:演员作骑马上场之状。
③ 打当:有打点、安排、准备等意。
④ 头踏:古时,官员出外时,车马前面的仪仗队。
⑤ 腆:挺起。
⑥ 赌当:堵挡、阻拦、对付。
⑦ 手脚来的:指手脚灵便,武艺高强。来的,即来得。
⑧ 不中:不行;今口语中仍有此用法。
⑨ 挣閛(chuài):挣扎。

专题问道

专题3 文本的旅行——探究英汉传译的文化意义

休再口强。是是是不商量,来来来可疋塔①的提离了鞍轿上。

（正末做拿住科,程婴慌上,云)则怕小主人有失,我随后接应去。谢天地,小主人拿住屠岸贾了也。(正末云)令人将这匹夫执缚定了,见主公去来。(同下。魏绛同张千上,云)小官魏绛的便是。今有程勃擒拿屠岸贾去了。令人,门首觑者,若来时,报复某知道。(正末同程婴拿屠岸贾上,正末云)父亲,俺和你同见主公去来。(见科,云)老宰辅,可怜俺家三百口沉冤,今日拿住了屠岸贾也。(魏绛云)拿将过来。兀那屠岸贾,你这损害忠良的奸贼,今被程勃拿来,有何理说?(屠岸贾云)我成则为王,败则为虏;事已至此,惟求早死而已。(正末云)老宰辅,与程勃做主咱。(魏绛云)屠岸贾,你今日要早死,我偏要你慢死。令人,与我将这贼钉上木驴,细细的剐上三千刀,皮肉都尽,方才断首开膛,休着他死的早了。(正末唱)

【脱布衫】将那厮钉木驴推上云阳,休便要断首开膛;直剐的他做一埚儿肉酱,也消不得俺满怀惆怅。

(程婴云)小主人,你今日报了冤仇,复了本性,则可怜老汉一家儿皆无所靠也!(正末唱)

【小梁州】谁肯舍了亲儿把别姓藏?似你这恩德难忘,我待请个丹青妙手不寻常,传着你真容相,侍奉在俺家堂。

(程婴云)我有什么恩德在那里?劳小主人这等费心。(正末唱)

【幺篇】你则那三年乳哺曾无旷,可不胜怀担②十月时光?幸今朝出万死身无恙,便日夕里焚香供养,也报不的你养爷娘③。

(魏绛云)程婴,程勃,你两个望阙跪者,听主公的命。(词云)则为屠岸贾损害忠良,百般的扰乱朝纲;将赵盾满门良贱,都一朝无罪遭殃。那其间颇多仗义,岂真谓天道微茫?幸孤儿能偿积怨,把奸臣身首分张。可复姓赐名赵武,袭父祖列爵卿行。韩厥后仍为上将,给程婴十顷田庄。老公孙立碑造墓,弥明辈概与褒扬。普国内从今

---

① 可疋塔:形容手脚利落,一下子。
② 怀担:《虎头牌》《蝴蝶梦》等剧均作"怀耽",即怀胎。
③ 养爷娘:养爷,即义父,指程婴。"养爷娘",复词取偏义,仅指"爷"。

更始,同瞻仰主德无疆。(程婴正末谢恩科,正末唱)

【黄钟尾】谢君恩普国多沾降;把奸贼全家尽灭亡;赐孤儿改名望,袭父祖拜卿相。忠义士各褒奖,是军官还职掌,是穷民与收养;已死丧、给封葬,现生存、受爵赏,这恩临似天广,端为谁,敢虚让?誓捐生在战场,着邻邦并归向,落的个史册上标名,留与后人讲。

赵氏孤儿:又,赵家的小孤儿①

杜赫德

第 五 部 分

第 一 幕

魏绛,国王的一名重臣

我是魏绛,晋国重臣之一。本朝有个屠岸贾,把所有权力掌握在他自己手中,并毁了赵盾一家。但在赵的府邸里有一位叫程婴的医生,找到了藏匿这户人家遗孤的方法。他今年二十岁。他改了小公子的名字,叫他程勃。程勃接到国王的命令,前去缉拿屠岸贾,这样他就有可能为亲人报仇。命令内容如下:"屠岸贾权势过大,我担心他会进一步揽权。因此,我命令程勃悄悄将他缉拿,并将他家族消灭干净,一个不留。当他完成这项任务,我会赏赐他。"我一刻也不敢耽搁,将亲自向程勃传达这项命令。

第 二 幕

程 勃

我接到国王的命令,前去捉拿屠岸贾,为我父亲与祖父报仇。这恶贼非常傲慢与自负。[他歌唱]我在这儿稍作停留,因为他回府一定会经过这条路。

---

① 节选自《中华帝国全志》(伦敦1739年版),宋向龄译,约翰·瓦茨编译。四卷本《中华帝国全志》是杜赫德根据17世纪来华的传教士的报道编辑而成,此书在欧洲直到19世纪末都被看作是关于中国问题的知识手册。

专题问道

专题3 文本的旅行——探究英汉传译的文化意义

第 三 幕

屠岸贾、程勃

屠岸贾

这些天我时常住在公家的府邸里,现在我要回自己的私宅——都给我小心点,排好队列,慢慢行进。

程 勃

瞧我看到了什么,这不是那老贼吗?

〔他描述着那前行的恶人,一直歌唱

屠岸贾

屠成,我的儿子,你来做什么?

程 勃

你这个无恶不作的卑鄙之人,我既不是屠成,也不是你儿子,我是赵家的孤儿。二十年前,你屠杀了我全家,今天我就要把你拿下,还要把你绑了,为我那受你折磨的父母报仇。

屠岸贾

是谁向你灌输的这些无聊想法?

程 勃

是程婴告诉我,我到底是谁。

屠岸贾

那我真是养了个不知感恩的儿子。但对我来说,并没有什么需要自责的。

程 勃

站住,老贼。你往哪里跑?

〔他歌唱,正当他要拿获屠岸贾,程婴匆匆赶到。

第 四 幕

程 婴

我担心小主人会受到伤害,所以我跟着他,想为他提供帮助。天地保佑,他总算擒获

了屠岸贾。

程 勃

让我抓住这老贼,将他绑了——我将前去禀告国王。

第 五 幕

魏 绛

我得知程勃已经擒住屠岸贾;让人前去看看他来了没有,他一来就通知我。

第 六 幕

程勃、程婴、魏绛

程 勃

我的父亲,让我们一起去见国王吧。〔程勃注意到魏绛。〕先生,恳请你对我的家族心怀怜悯,我已经拿获并捆绑了屠岸贾。

魏 绛

将他带进来。啊,你这个残害国王最得力臣子的叛徒,现在落在程勃手里,你还有什么要为自己辩护的?

屠岸贾

因为国王派来的这个冒牌货,我完了。但事已至此,我只希望能够死得快一点。

程 勃

先生,您来接手我的诉讼。

魏 绛

屠岸贾,你希望死得痛快,我觉得让你把血淌干了再死才最为恰当。把这卑鄙之人放到木驴上,将他慢慢割成三千块,直到皮肉都不剩,再把他的头砍下。但要格外小心,确保他是慢慢死去的。

〔程勃同样说了一遍,歌唱着。

程 婴

我的小主人,现在您已报仇,您的家族也得到了保全,但我家从此就无人可以依

专 题 问 道

专题 3　文本的旅行——探究英汉传译的文化意义

靠了。

〔程勃歌唱，并说明他会为程婴做的事。

程　婴

我当时得做了什么，才配得上我小主人所承诺善行的百分之一？

〔他歌唱并赞美程勃的善行。

魏　绛

程婴，程勃，跪下来，听从国王的命令。

屠岸贾以不正当的方式，将我最得力的几位大臣处死，他引起了动荡，并在我所有的国土上制造混乱，还屠杀无辜的赵家人。这些罪行，上天是不会放过的。所幸这家的孤儿挣得了好名声，还将叛逆者屠岸贾的头砍下。我下令，从今以后，他的名字是赵武，他的父亲与祖父被追认为我们国家的大公，韩厥被封为大元帅。我将赐程婴一座华美的大宅，供他自己使用。建造一座宏伟的墓地，以纪念公孙。希望这一事例能引发广泛的变革，所有应得的荣耀都将归属于国王。

〔程勃歌唱，感谢国王，他们依次复述从国王那里得到的恩赐。

THE FIFTH PART.①

SCENE I.

OUEI FONG, a great Officer of the King.

I am Ouei fong, one of the greatest Mandarins of Tjin: Under this Reign Tou ngan cou has got all the Power into his own Hands, and has destroy'd the Family of Tchao tun; but in the Palace of Tchao so happen'd to be one Tching yng a Physician, who found out the Method of concealing the Orphan of this House; he is at present twenty Years of Age; he changed the Name of Little Prince, and called him Tching poei: It is Tching poei that the King has ordered to seize Tou ngan cou, that he may revenge his

---

① Tchao chi cou ell: Or, the little Orphan of the Family of Tchao(Reduced from A Chinese Tragedy in J. B. Du Halde, The General History of China, London: John Watts, 2nd ed. 1739)

Relations; the Order is conceived in these Terms: "The Power of Tou ngan cou is become too enormous, and I am afraid lest he should proceed farther; I therefore order Tching poei to seize him privately, and extinguish his House without sparing a Man; when he shall have perform'd this Order, I'll give him a Reward." I dare not retard this Order, but will carry it my self to Tching poei.

SCENE II.

TCHING POEI.

I have Orders from the King to take Tou ngan cou, and revenge the Death of my Father and Grandfather; this Villain is very proud and haughty. [He sings.] I'll stop here a little, for he must pass this way when he returns to his own House.

SCENE III.

TOU NGAN COU, TCHING POEI.

TOU NGAN COU.

This Day I have been constantly in the Palace under my care, and am now return'd to my own private House. ——Take care there, place yourselves in good Order, and march slowly.

TCHING POEI.

What do I see, is not this the old Villain?

[He describes the Pimp wherewith he walks, singing all the time.

TOU NGAN COU.

Tou tching, my Son, what have you been doing?

TCHING POEI.

Thou profligate Wretch, I am neither Tou tching, nor thy Son; I am the Orphan of the Family of Tchao; it is twenty Years since you massacred all my Family, and now I will take thee and bind thee, and revenge the Death of my Parents who were slain by thee.

TOU NGAN COU.

Who has put these idle Fancies into your Head?

专 题 问 道

专题3　文本的旅行——探究英汉传译的文化意义

TCHING POEI.

'T was Tching yng who inform'd me who I am.

TOU NGAN COU.

I have then a very ungrateful Son; but as for me I have nothing to reproach myself with.

TCHING POEI.

Hold, Villain, whither are you running?

［He sings, and as he is about to seize him Tching yng comes hastily in.

SCENE IV.

TCHING YNG.

I was afraid some harm might happen to my young Master, and I have follow'd him with a design to give him Assistance. ——Blessed be Heaven and Earth, he has secured Tou ngan cou.

TCHING POEI.

Let 'em take this Wretch and bind him. ——I'll go and inform the King.

SCENE V.

OUEI FONG.

I have learnt that Tching poei has secured Tou ngan cou; let somebody go and see if he is coming, and as soon as he comes let me have notice.

SCENE VI.

TCHING POEI, TCHING YNG, OUEI FONG.

TCHING POEI.

My Father, let us go both together and visit the King. ［He perceives Ouei Fong.］ Sir, I desire you would have Compassion on our Family, I have taken and bound Tou ngan cou.

OUEI FONG.

Let him be brought in. ——Ah Traitor, who hast destroyed the King's best

Subjects, now thou art in the hands of Tching poei, what hast thou to say for thy self?

TOU NGAN COU.

'T is for the King's fake that I am ruin'd; but, as things are at present, all I desire is that I may be put to a speedy Death.

TCHING POEI.

Sir, take my Cause in hand.

OUEI FONG.

O Tou ngan cou thou desire to die speedily, and I think it most proper that thy Death should be flow; let this Wretch be taken and extended upon a wooden Ass, and let him be cut by flow degrees into three thousand Pieces, and when all his Skin and Flesh are gone, let his Head be cut off; but let there be special care taken that he dies slowly.

[Tching Poei says the same thing, singing.

TCHING YNG.

My young Master, now thou art revenged and your Family is preserved, but mine is left without any Support.

[Tching Poei sings, and says what he will do for Tching yng.

TCHING YNG.

What have I then done that deserves the hundredth part of the Favours promised by my young Lord?

[He sings and magnifies the Favours.

OUEI FONG.

Tching yng, Tching poei, fall upon your Knees, and hear the King's Order.

Tou ngan cou has put several of my good Subjects to Death unjustly, he has raised Disturbances, and caused Disorders in all Parts of my Kingdom, and has massacred the innocent Family of Tchao; these are Crimes which Heaven never overlooks: The Orphan of this Family has happily gain'd great Reputation, and cut off the Head of the

专 题 问 道

专题3　文本的旅行——探究英汉传译的文化意义

Traitor Tou ngan cou; I ordain that he may be called henceforward Tchao vou, that his Father and Grandfather be reckon'd among the number of Grandees of the Kingdom, and that Han Koue be made Generalissimo: I give to Tching yng a handsome and large Estate to his own use, and order a magnificent Tomb to be erected to the Memory of Kong lun, and expect that this Example will cause a general Reformation that all due Honour may be render'd to the King.

[Tching poei sings, and thanks the King, and they repeat one after another the Favours they have received from him.

茶　花　女①

小仲马

阿尔芒的这个长篇叙述，经常因为流泪而中断。他讲得很累，把玛格丽特亲手写的几页日记交给我以后，他就双手捂着额头，闭上了眼睛，可能是在凝思，也可能是想睡一会儿。

过了一会儿，听到他发出了一阵比较急促的呼吸声，说明阿尔芒已经睡着了，但是睡得不那么熟，一点轻微的声音就会把他惊醒的。

下面就是我看到的内容，我一字不改地抄录了下来：

今天是十二月十五日，我已经病了三四天了。今天早晨我躺在床上，天色阴沉，我心情忧郁；我身边一个人也没有，我在想你，阿尔芒。而你呢，我在写这几行字的时候，你在哪里啊？有人告诉我说，你在离巴黎很远很远的地方，也许你已经忘记了玛格丽特。总之，愿你幸福，我一生中仅有的一些欢乐时刻是你给我的。

我再也忍不住了，我要把我过去的行为给你作一番解释，我已经给你写过一封信了，但是一封由我这样一个姑娘写的信，很可能被看作是满纸谎言；除非我死了，由于

---

① 节选自《茶花女》（人民文学出版社2003年版）。王振孙译。

美美与共
跨文化专题研讨

死亡的权威而使这封信神圣化；除非这不是一封普通的信，而是一份忏悔书，才会有人相信。

今天我病了，我可能就此一病至死。因为我一直预感到我的寿命不会太长了。我母亲是生肺病死的，这种病是她留给我的唯一遗产；而我那一贯的生活方式只会使我的病加重。我不愿意悄悄死去而不让你弄清楚关于我的一切事情，万一你回来的时候，你还在留恋那个你离开以前还爱着的姑娘的话。

以下就是这封信的内容，为了给我的辩解提供一个新的证明，我是非常高兴把它再写一遍的。

阿尔芒，你还记得吗？在布吉瓦尔的时候，你父亲到来的消息是怎样把我们吓了一跳的吧；你还记得你父亲的到来引起我不由自主的恐惧吧；你还记得你在当天晚上讲给我听的关于你和他之间发生的事情吧。

第二天，当你还在巴黎等着你父亲、可是总不见他回来的时候，一个男子来到我家里，交给我一封迪瓦尔先生的来信。

这封信我现在附在这里，它用最严厉的语气要求我第二天借故把你遣开，以便接待你的父亲；你父亲有话要和我谈，他特别叮嘱我一点也不要把他的举动讲给你听。

你还记得在你回来以后，我是怎样坚持要你第二天再到巴黎去的吧。

你走了一个小时以后，你父亲就来了。他严峻的脸色给我的印象也不用我对你多说了。你父亲满脑子都是旧观念，他认为凡是妓女都是一些没有心肝、没有理性的生物，她们是一架榨钱的机器，就像钢铁铸成的机器一样，随时随地都会把递东西给它的手压断，毫不留情、不分好歹地粉碎保养它和驱使它的人。

你父亲为了要我同意接待他，写了一封很得体的信给我；但他来了以后却不像他信上所写的那样客气。谈话开始的时候，他盛气凌人，傲慢无礼，甚至还带着威胁的口吻，以致我不得不让他明白这是在我的家里，要不是为了我对他的儿子有真挚的感情，我才没有必要向他报告我的私生活呢。

迪瓦尔先生稍许平静了一些，不过他还是对我说他不能再听任他儿子为我弄得倾家荡产。他说我长得漂亮，这是事实，但是不论我怎么漂亮，也不应该凭借我的姿色去挥霍无度，去牺牲一个年轻人的前途。

专题问道

专题3　文本的旅行——探究英汉传译的文化意义

对这个问题只能用一件事来回答,是不是? 我只有提出证据说明,自从我成为你的情妇以来,为了对你保持忠实,而又不再向你要求过超出你经济能力的钱财,我不惜作出了任何牺牲。我拿出当票来给他看,有些我不能典当的东西我卖掉了,我把买主的收条给他看,我还告诉你父亲,为了跟你同居而又不要成为你一个过重的负担,我已经决定变卖我的家具来还债。我把我们的幸福,你对我讲过的一个比较平静和比较幸福的生活讲给他听,他终于明白了,把手伸向我,要我原谅他开始时对我耍的态度。

接着他对我说:

"那么,夫人,这样的话我就不是用指责和威胁,而是用请求来请你作出一种牺牲,这种牺牲比你已经为我儿子所作的牺牲还要大。"

我一听这个开场白就全身颤抖。

你父亲向我走来,握住我两只手,亲切地接着说:

"我的孩子,请你别把我就要跟你讲的话往坏的方面想;不过你要懂得生活对于心灵有时是残酷的,但这是一种需要,所以必须忍受。你心地好,你的灵魂里有很多善良的想法是一般女人所没有的,她们也许看不起你,但却及不上你。不过请你想一想,一个人除了情妇之外还有家庭;除了爱情之外还有责任;要想到一个人在生活中经过了充满激情的阶段以后就到了需要受人尊敬的阶段,这就需要有一个稳固的靠得住的地位。我儿子没有财产,然而他准备把他从母亲那里继承来的财产过户给你。如果他接受了你即将作出的牺牲,他也许出于荣誉和尊严就要把他这笔财产给你作为报答。你有了这笔财产,生活就永远不会受苦。但是你的这种牺牲他不能接受,因为社会不了解你,人们会以为同意接受你的牺牲可能出自于一个不光彩的原因,以致玷辱我家的门楣。人们可不管阿尔芒是不是爱你,你是不是爱他;人们可不管这种相互之间的爱情对他是不是一种幸福,对你是不是说明在重新做人;人们只看到一件事,就是阿尔芒·迪瓦尔竟然能容忍一个妓女,我的孩子,请原谅我不得不对你说的这些话,容忍一个妓女为了他而把所有的东西统统卖掉。往后的日子就是埋怨和懊悔,相信这句话吧,对你和别人都一样,你们两个人就套上了一条你们永远不能砸碎的锁链。那时候你们怎么办呢? 你们的青春将要消逝,我儿子的前途将被断送;而我,他的父亲,我原来等待着两个孩子的报答,却只能有一个孩子来报答我了。

"你年轻漂亮,生活会给你安慰的;你是高贵的,做一件好事可以赎清你很多过去的罪过。"

巴黎茶花女遗事①

小仲马

小仲马曰:亚猛语既竟,以马克日记授余,或掩泪,或凝思,意态悲凉,倦而欲睡。已而闻亚猛微鼾,知亚猛沉睡矣,乃展马克日记读之。日记曰:

今日为十二月十五日,余已病三四日矣。侵晨不能起坐。昨天气阴惨,余又不适,四顾无一人在侧,余甚思亚猛也。余方书至此,不知亚猛身游何地?想去巴黎甚远,忘马克矣。亚猛幸自保。我在生时,唯逢亚猛一人,始得少时佳处。余其始决弃亚猛而去,余今不能不本吾真情以告亚猛。余先有书与亚猛矣,不知者以为是马克谰语。余今以死自明,方知此书盖吾与亚猛忏悔之书也。余今甚病,势在必死。犯弱病久,自知必不支。向吾母亦死于病肺,瘰根所贻,若家业留以畀余者。临命已在旦夕,断不能模糊以死,不开陈所以绝君之故,使君闻之。想君归时,定必有心向我,我尤不能不为开陈也。余所贻君书,使余能尽其隐,益私喜余之不负亚猛。亚猛能忆及余二人在鲍止坪时,闻尔父至,方饭,皆失惊。尔是夜陈说与父驳诘应对之词。明日往巴黎,与父相左,即有人持父书至。书词极严重,约明日托故遣亚猛去,老人将自来;且坚约勿令亚猛知有此事。亚猛还忆余敦促亚猛行否?亚猛去一点钟后,翁来矣。翁来色甚厉,谈吐处阅历甚深,以为勾栏人蓄机械心,深险如销金之窟,偶近其人,非力腴膏血不止。其始寓书时,词义尚正,及来时色加厉,语加峻,赫然不复可近,言语咸挟针锋。余对以此屋为余家,有自主之权,不能不以理自剖。翁闻言,色少霁,乃谓余以翁垂老之年,不能睁眼静观其子为一妇人尽破其产,以余虽极美,何得以一人之美,陷一精壮有用之少年似此?余只得以一言辩之,谓余自与

---

① 节选自《巴黎茶花女遗事》(商务印书馆 1981 年版)。林纾、王寿昌译。林纾是近代文学家、翻译家,他在不谙外文的特殊情况下,与魏翰、陈家麟等曾留学海外的文人们合作翻译了 180 余部西洋小说,其中有许多出自外国名家之手。

专题问道

专题3 文本的旅行——探究英汉传译的文化意义

亚猛交,从未逾格费其一金。于是尽出质帖及还债之收条,举以示翁,剖余尽弃家具,正欲同亚猛赁小屋自活,良不欲多所糜费耳。且告翁以余二人安乐投契事,未尝纵恣浪游。翁悟,乃执余手,道其悔心,并以慰余。徐又曰:"吾此来非敢恨尔身,特请马克再弃共绝大情愫若弃产焉者,并以赠吾子。"余闻语至手颤。翁近余前,再执余手,声极温婉,告余曰:"尔今弗当误会余言为不善。凡人生咸有失意之事,须隐忍之。尔为人至佳,若有隐德,匪寻常妇人所及,尤非常人所知。然尔当知心契此人,而此人身旁,犹有家室,此人身上,犹有伦纪。初时狂荡,固不足责,当到底思此人须任正事,方为成人。吾子素无家业,唯其死母所留之薄产仅可决弃耳。若尔所言市尔家具,权子母以活其人,则此子义不当受;脱令受之,外人不谅尔之心者,必且不齿吾子,为忝其家声矣。夫人安知尔二人相爱之深,亚猛得尔为风流之知己,尔托亚猛息花酒之浪游,但见亚猛狎昵荡妇,将死母旧业,一旦弃掷无遗,为可慨叹。迨事势决败,尔二人自陷罪罟,不可拯拔。尔之华年已谢,已无自振之时;吾子尤落拓,尽堕其应有之事业。吾老矣,仅有一子一女,所望于亚猛者,乃复如是。今尔尚年少柔嫚,可以自立,又为人至佳,留此一重阴德,正可消抵前此恶孽。"

◎ 我思我在

1. 文学在翻译之后拥有的新形式,也可以体现中西戏剧理念的不同。《赵氏孤儿》第五折的英译版本就体现了这一点:在"折"的大框架下,英译者仍将其细分;多个角色出场时,英译者进行了排版上的改动;人物在说话前和他们的话语在格式上也同样有特别设置。你能注意到这些形式上的变化吗?

2. 在新文学运动中,日记体小说成为诸种新文体之一,这和此前翻译文学中出现的那些日记是分不开的——小说中的日记,正是西方文学史中光辉灿烂的一部分。请以选段为例,分析为什么林纾《巴黎茶花女遗事》中的日记能震撼当时的晚清读者?

3. 《茶花女》开头的"我"经过译者之手的转换,到了《巴黎茶花女遗事》便落实为作者"小仲马"。这种转换正体现了文化的区隔:林纾本能地将叙述者(向读者讲述这个故事的人)等同于作者(写下这个故事的人)。你认为"我"和"小仲马"到底是什么关系?

美美与共
跨文化专题研讨

※ 实践笃行

跨越语言的边界：成为译者

亲爱的同学们，你们知道《圣经·创世纪》中巴别塔的传说吗？那时，天下人拥有同样的语言，他们决心建造一座通天之塔，直到神变乱他们的口音，使他们的言语彼此不通，建塔一事才不了了之。人与人、语言与语言、国族与国族之间的不可沟通都融会在这个寓言里。译者的出现稀释了这种深沉的悲哀：典雅的《荷马史诗》和《圣经》，意味深长的佛经，读不尽的莎士比亚……因为译本的存在，它们向全人类的心灵敞开。也许这个专题能唤起你跨越语言藩篱的愿望，让你在漫长的一生里，至少做一回译者。

然而，语言的转换从来不是一件容易的事，两种文字的背后是脉络不同的两种文化。钱锺书在《林纾的翻译》里说，西人将译作视为原作的"投胎转世"，而中国古人亦有"如翻锦绮，背面俱花"的翻译观。《赵氏孤儿》的中译英和《茶花女》的英译中可以作为一组案例，证明时代大势和精妙的翻译技艺竟可以让译作成为国家文学的一部分，让我们体会在翻译过程中，中西文化是如何有共通之处，又是如何发生冲突的。在看清这些文化碰撞之后，我们再来进行一场文学翻译的实践，切身体会翻译过程中无处不在的惊喜和挑战。

在成为具有沟通语言的神秘能力的译者之前，建议同学们做好以下活动准备：

1. 对读此前的两组选段：《赵氏孤儿大报仇》第五折及其英译版本，《茶花女》日记节选及林纾译相应段落。

2. 和志趣相投的同学组成阅读小组，互相讨论自己对读时关于翻译的大小发现。

同学们，你们准备好了吗？"成为译者"体验之旅开始了。

第一关：翻译谁的"话"？

要把英文翻译成中文，第一步就是要清楚判断你在翻译谁的"话"。不同的讲故事的

专题问道

专题3 文本的旅行——探究英汉传译的文化意义

人,以及他们精彩纷呈的"自说自话",始终是文学作品中不可错过的场面,也是译者遭遇的第一个挑战。《水浒传》里鲁智深去野猪林救林冲,叙述角度从公人转至林冲,金圣叹大赞这"诡谲变幻"的叙述之法,"第一段先飞出禅杖,第二段方跳出胖大和尚,第三段再详出皂布直裰与禅杖戒刀,第四段始知其为智深"。如果英译选段中不能体现这种变换,那就是不太成功的。语言出自不同人物之口,意味着他们拥有看到截然不同的场景的眼睛以及不一样的身份和心境。

由于是以对白为主体的戏曲,《赵氏孤儿》的人物特点更鲜明,每个人物都有各自的说话腔调。英译本选段基本沿用了原本中的叙事者,但在一些细节上有出入:译者省略未译的段落,人物转述另一个人物语言时……

1. 英译本和原剧作相比较,同样的叙事者分布在不同部分,而一些细节处则有不同的叙事者。请细读《赵氏孤儿》及其英译两则选段,思考哪些句子分别归属于哪些叙述者,用不同颜色的笔划出不同的叙事者,发现两者的同与不同。

2.《茶花女》中的书信以阿尔芒为对话对象,全以第二人称"你"贯穿始终。但《巴黎茶花女遗事》却一直在变换对"你"的称谓,你能发现林纾用什么代替了"你"吗?他为什么进行了这样的处理?

第二关:找寻文化碰撞的缝隙

王国维在《宋元戏曲史》中称《赵氏孤儿》为"最具悲剧性质者""即列之于世界大悲剧中,亦无愧色也"。当时他单从文学角度出发,并不知道自己的推测已是事实:清朝初期,法国传教士马若瑟将《赵氏孤儿大报仇》译为法文,被杜赫德收入《中华帝国全志》,后又被译为英、德等多国文字,屡次被改编,甚至搬上舞台,在欧洲风行一时。连伏尔泰、歌德等世界文豪都大受启发,一如伏尔泰改编本《中国孤儿》的副标题"儒家道德的五幕剧",他们被中国人的道德观深深打动。

到了晚清,林纾所译《巴黎茶花女遗事》轰动一时,"中国人见所未见,不胫走万本"。"可怜一卷茶花女,断尽支那荡子肠"的盛况,这与林纾很好地传达了小仲马原作的文化意蕴紧密相关。译本中"人"的意识和对情感的推崇,也可视为新文化运动的先声。难怪

美美与共
跨文化专题研讨

鲁迅在南京读书时就买过此书,到东京后对林译小说仍然不改初心:"只要他印出一部,来到东京,就一定跑到神田的中国书林,去把它买来,看过之后,鲁迅还拿到订书店去,改装硬纸板书面,背脊用的是青灰洋布。"冰心则于童年时从祖父那里读到,这是她以后竭力搜求林译小说的开始,也是她阅读西方文学作品的开始;钱锺书更坦言:"商务印书馆发行的那两小箱《林译小说丛书》是我十一二岁时的大发现,带领我进了一个新天地,一个在《水浒》《西游记》《聊斋志异》以外另辟的世界。"这些日后的文学大家原来都曾是《巴黎茶花女遗事》的热情读者。

然而译本的接受与传播如同光线射入水中,必然要经历一种变形。翻译是文化冲突的第一战场,两种语言在这场相遇中发生切实的碰撞。这种冲击有时表现在细微之处,只能被有心人找到。这就是作为译者遇到的第二个挑战了,你们准备好一双发现的眼睛了吗?

《赵氏孤儿》的英译因为与中国传统文化的隔阂感,略去了原文特定的一些段落,轻易放过、变易了一些有着强烈文化意味的字词;而林纾则将中国文化的背景自然地渗透到译本,杂糅了儒、释、道传统观念的用词散落各处——小仲马的茶花女是"现代"的,林译本茶花女更"古代",正是这些特殊的用词,使得她身上有了霍小玉、李娃、董小宛、柳如是等人的影子。

1. 让我们细读两组选段,感受茶花女的情与程婴的义,体会打动无数中西读者的动人细节。与此同时,还要通过对读发现不同文化的笼罩下,译文相对于原作,分别有了什么样的出入,它们又源于何种文化差异。请按照例子,用以下格式做好笔记。

《赵氏孤儿》及其英译中的文化差异

	《赵氏孤儿大复仇》	《赵氏孤儿》(英译)	文 化 差 异
1	方今悼公在位	本朝有个屠岸贾	中国传统文学里新君上位后冤案得以平反的程式/没有意识到这种程式
2			
3			
……			

专题问道

专题3 文本的旅行——探究英汉传译的文化意义

	《茶花女》	《巴黎茶花女遗事》	文 化 差 异
1	她们是一架榨钱的机器。	以为勾栏人蓄机械心。	西方社会工业时代的背景/《庄子·天地篇》"有机械者必有机事，有机事者必有机心"的道家传统。
2			
3			
……			

2. 请收集一个在翻译过程中文化碰撞的事例，用你擅长的方式和同伴们分享。

第三关：成为文本旅行者

本雅明在《译者的职责》里有一个恰到好处的比喻：世间语言有如一只花瓶，瓶子破裂，肢解成为大小不一的碎片，也就是散布各处的种种语言。译者将外国语言转化为本国语言，有如在黏结那破裂花瓶的碎片。他们的每一次努力，都是为呈现一个更美丽也更宏大的世界文学图景。从这个角度来谈，译者这一身份便充满了光辉。但每个译者都会用自己独特的"咒语"（形式）去演绎这场语言的"魔法"。也许在阅读了以下几个翻译事例之后，你能受到启发，找到自己玩转这场语言"魔法"的独特"咒语"。

1. 在一些翻译作品中，译者扮演了无比重要的角色。请朗读《红星佚史》中译者鲁迅用楚辞体翻译的奥德修斯之歌——

纵东方之不作，且蹒跚以竞驰。

历荒波之浩荡，禁灵曜于崦嵫。

洵予行之茕偶，吾心尚其委蛇。

纵远蹈夫异路，循血海之修涯。

尚忍旗而毋却，昔奚胜于今兹。

忆淫游兮丧友，吾终免而无夷。

美美与共
跨文化专题研讨

面凶死其竟脱,遵员目于岩栖。

时湔血之洒洒,涅窈堂而赭之。

穷忧穷忧兮吾何惧为,厉运纵至今无为吾灾。

宁不见夫故乡赫然其入望兮,但留荒野与残尸。

在2013年10月5日的《知乎日报》上,有人提问:"能否把佛经翻译出《圣经》的味道,把《圣经》翻译出佛经的味道?"近两万人"赞同"的是罗四维的回答,请和同伴分别朗读:

1.1 这是我亲耳听到的那样。 1.2 那时,佛在舍卫国的祇树给孤独园,和他的一千二百五十个弟子在一起。 1.3 有一天,佛就起来,穿着袈裟,拿着金属的钵,到大城里去乞讨。 1.4 在那个城中,乞讨了一圈回到住的地方。佛吃过了饭,收起衣服和钵,又用清水洗脚,坐在坐具上。 2.1 圣须菩提就站起来,把右肩露出来,又把右膝跪在地上。 2.2 圣须菩提就问,圣哉,世尊。你必是爱你的菩萨们,也教导菩萨们。 2.3 要是有善人想要发誓成为菩萨,应该怎样安定他的心呢? 2.4 佛回答说,我实在告诉你,我必是爱菩萨,教导菩萨们的。 2.5 佛如此说,若有善人,发誓愿想要成为菩萨,就要这样安定他的心。 2.6 圣须菩提就欢喜说,我要听着这箴言了。	弟子约翰品第一 　　如是我闻。彼时,神与道通。神智慧方便,以神通造万物。神身出光明,人天交接。神乃授弟子曰约翰者阿耨多罗三藐三菩提记,约翰具足见证神通之力,于劫中寻弥赛亚者。 　　利未人于是言:善男子,汝其为谁? 　　约翰言:善哉,吾非基督。 　　利未人言:然汝为以利亚欤?为先知欤? 　　约翰乃做偈曰: 善哉诸信众,一切诸弟子, 汝闻旷野呼,声传以赛亚, 因彼上主力,以水濯圣子, 成道虽在后,本性大圆满。

2. 仔细阅读王振孙尽力贴合原著的译作《茶花女》,以及林纾抒发自由性情的文人译作《巴黎茶花女遗事》,感受译文的语言风格,体会词语、句式(长短句)的选择,语气和节奏,甚至是标点、段落等细节。对两者进行比较阅读,感受不同的语言色彩如何塑造了不同的人物形象,并将故事译成了两种模样。

现在就是成为译者的最后一步了:在这之后,选择《茶花女》的英译版本《THE LADY OF THE CAMELLIAS》中的某一选段,用独特的语言风格进行翻译。可以像林纾一样用古文,也可以像鲁迅一样用古诗词的形式,或者借助如佛经体和《圣经》体这样的文类,乃至某个翻译者的语言风格,比如林少华译村上春树时的腔调……尤其要注意词语后面的文化传统,感受翻译语言的选择对原文的影响和呈现出的不同效果。

专题 4

镜头下的异域

——探究东西方文化碰撞与融合

随着全球化进程的日益加快,中西方文化之间的碰撞也日益加剧,我们该如何看待中西方文化差异?如何理性地对待由中西方文化差异引发的一系列问题?当我们抱怨"西方中心主义者"目中无人的傲慢时,我们自身是否也存在着"东方中心主义者"自以为是的偏见?近年来,中国元素越来越多地出现在好莱坞电影中,与此同时,也有越来越多的华人导演关注"文化碰撞"这一主题。电影作为一种喜闻乐见的视听综合艺术,为我们探究东西方文化碰撞与融合问题提供了丰富而生动的材料,打开了一扇观察世界文化多样性的别样窗口。

※ 含英咀华

给我一个中国娃娃[①]

龙应台

走出法兰克福机场,迎面而来一对操美国英语的黑人夫妇,牵着个两三岁的小女孩。黑人的小孩特别可爱,眼前这个小把戏也不例外:皮肤黑漆发亮,眼睛很大,黑白分明的瞳孔中透着清纯的稚气。鬈曲油亮的辫子在头顶上一晃一晃的。

正要擦身而过,瞥见小女孩一手紧紧搂在前胸的洋娃娃;啊,是个黑娃娃!黑漆发亮的脸,黑漆发亮的头发,绣花的袖子里伸出黑漆发亮的小手。

从来没见过黑的洋娃娃,所以稍稍吃了一惊。小女孩回眸望了我一眼,娇爱地微笑

[①] 选自于漪《走近经典 语文阅读新视野》(四)(上海教育出版社 2015 年版)。

美美与共
跨文化专题研讨

了一下,逐渐远去。我开始领悟到自己的吃惊包含了多少愚昧:黑头发、黑眼睛、黑皮肤的孩子,为什么要玩金头发、蓝眼睛、白皮肤的娃娃?小孩抱娃娃,往往是一种自我的投射,黑孩子玩黑娃娃是天经地义的事,我却吃了一惊。

如果看见一个黑头发、黑眼睛的中国孩子玩一个和他长得一模一样的黑发黑眼睛的娃娃,我是不是也要觉得讶异呢?事实上,我从来没有见过中国娃娃。站在玻璃柜上穿罗戴玉的王昭君或舞姿娉婷的美女,都是僵硬而易损的,只供观赏;让孩子抱在怀里又亲又咬又揉搓的,都是"洋"娃娃,蓝色的眼睛一眨一眨的。

嘿,这是个国际多元化的世界,玩外国娃娃没什么不对。我也同意,可是,如果只是国际多元的现象,为什么我们的孩子没有黑人娃娃、印第安娃娃、埃及娃娃,而是清一色的白种娃娃?再说,在开拓到外国娃娃之前,总要先有自己的娃娃。黑发黄肤的小女孩在"家家酒"中扮演妈妈,她爱抚的"婴儿"却跟自己一点也不像,不免令人沉思:中国的娃娃到哪里去了?

现代的中国人认为西方人比较漂亮,我们对自己的认可也变成深目、隆鼻、丰乳、长腿的追求。以少女为对象的杂志,每一页都是金发的模特儿。我们的孩子上美术课,信手画出来的人像,一个一个赫然是西方人的脸型。把这些迹象整合起来观察,中国孩子抱"洋"娃娃的现象就不是那么单纯了。

有一回在台北市坐计程车。长得横眉竖目的司机闷声不响,很严肃的神情,猛然一个大转弯,他却失声大叫:"你看,你看,街角那四只……"声音里充满兴奋。

四只什么?狗吗?我转头探看,看不见什么。司机继续说:"哇,有够大只!又那么黑,暗时睹到会惊死人!"

他指的,原来是四个正在等红绿灯的黑人。

种族歧视绝对不是西方人的专利,中国的大汉民族要搞起歧视来,比谁都不差。

不同的是,以前,我们自认是最优秀的民族,异族非番即蛮。现在,我们接纳了白种人的世界观:先进的白人高高在上,肤色越深,层次越低。中国人自己,就在白黑两极之间。

对于白人,我们或者谄媚,或者排斥;对于黑人,那位计程车司机的心态相当典型。对于肤色与自己不相上下的其他亚洲人,我们没有兴趣——有谁谈印尼的文学?有谁注

专 题 问 道

专题4　镜头下的异域——探究东西方文化碰撞与融合

意印度的发展？但是，一旦西方人开始"炒"印尼文学，或印度的发展，我们马上就会跟进。你相信吗？

美国的黑人也是经过许多年的挣扎，才赢得今天还不算十分坚强的民族自尊。

有思考力的黑人经过无数的反省、质疑、追求，才发出"黑就是美"的呐喊；是这声觉醒的呐喊，使法兰克福机场的那个黑女孩手里拥抱着一个和自己一样黑的黑娃娃。

中国在西方的阴影下生活了很久，但是今天的台湾似乎已经开始有足够的知识与智慧去抗拒这个巨大的阴影；对于现行价值观的重新检阅、反省，应该是建立民族自尊的第一步。

给我们的孩子一个中国娃娃吧！

◎ **我思我在**

1. 作者为何反复用"黑漆发亮"来描写黑娃娃？
2. 文章以"给我们的孩子一个中国娃娃吧"结尾，有什么作用？
3. 如果你是坐在计程车上的乘客，你会对那位大叫"你看，你看，街角那四只……"的司机说些什么？
4. 你对下列"知乎"上的话题感兴趣吗？挑你感兴趣的话题，参与讨论，发表自己的见解。

   ➤ 现今中国人的种族歧视严重吗？
   ➤ 中国人歧视黑人吗？
   ➤ 如何看待白人对中国人的种族歧视？
   ➤ 在英语或其他外语中，哪些词汇会被视为是明显的种族、性别或性取向歧视？

在华语电影史上，《卧虎藏龙》无疑具有里程碑式的意义。这部由李安导演，周润发、杨紫琼、章子怡等主演，2000年面世的影片在第73届奥斯卡金像奖上获得十项提名，并最终荣获最佳外语片、最佳摄影、最佳艺术指导、最佳原创配乐四项大奖，成为第一部荣获奥斯卡金像奖最佳外语片奖的华语电影。影片成本1 700万美金，全球票房2.13亿美元，其中北美就1.28亿美元，成为美国电影史上第一部超过1亿美元票房的

外语片。

关于《卧虎藏龙》还有个非常有意思的现象。这部很受西方尤其是北美喜爱的华语影片,当年在中国的口碑呈两极分化之势。有人盛赞它创造了华语片的一座高峰,也有人认为它不怎么样,比如故事不够曲折,打斗不够激烈,演员普通话不标准,部分情节看不懂等。所以,当年《卧虎藏龙》在国内的票房远不如海外。然而,若干年后,原先那些并不喜欢《卧虎藏龙》的人越来越发觉它的好。《卧虎藏龙》成了东西方都认可的经典。

卧 虎 藏 龙①

125.内

场景:废弃作坊

人物:李慕白,俞秀莲

时间:夜

李慕白盘腿打坐守住真气,俞秀莲拥在李身上扶持着他,见他额上一颗颗汗珠,便心急泪如雨下,指拭眼泪不愿惊动李慕白,也闭目以意护持。

李慕白睁开眼看着她,摸出怀中的玉钗,递给俞秀莲。俞秀莲望着他,再也忍不住哭泣了。

俞秀莲:慕白,守住气!

(李慕白点点头,把目闭上。俞秀莲紧握那支玉钗,悲恸不能自抑。黑暗中,俞秀莲拥着李慕白,变得平静)

李慕白:这些年,其实我们一直可以这样在一起!秀莲——嫁给我——

俞秀莲:慕白,守住啊!

---

① 选自电影文学剧本《卧虎藏龙》(中国对外翻译出版公司2000年版)。原著王度庐,剧本王蕙玲、詹姆斯、夏慕斯、蔡国荣。节选部分是影片的结尾。

专题问道

专题4 镜头下的异域——探究东西方文化碰撞与融合

李慕白：我——不愿意成了鬼魂,才可以爱你！——

俞秀莲：（动情大哭）我早就答应了啊！

126.外

场景：路上

人物：玉娇龙

时间：清晨

朝阳初起时,一匹快马在路上疾驰,玉娇龙手里捧着药包,满怀希望。马鞭更是使劲。

126.A 内

场景：废弃作坊

人物：玉娇龙,李慕白,俞秀莲,刘泰保

时间：日

李慕白环着俞秀莲侧着身,双手交握。阳光照着俞秀莲的眼睛,俞秀莲泪痕已干,将那只握着她但僵硬的手扳开。俞秀莲拿起剑示意刘泰保过来。

俞秀莲：剑,就托你还到府上吧。

刘泰保接过剑,看看俞,看看李,再看看玉,向洞外走去。

俞秀莲与玉娇龙凝视彼此。

（玉娇龙走到李慕白的身边,李慕白卧在稻草间,熟睡的神情。玉娇龙过来跪下,放下药,慢慢递还玉簪给俞,俞将它插入玉的头发）

俞秀莲：这本来是我结婚要用的,现在来不及了。

俞秀莲：若你和小虎是真的,马上去武当山找他。

（玉煽情大哭）

127.外

场景：武当山寺庙

人物：

时间：日

雄伟的寺庙坐落在武当山的险峰之巅。

美美与共
跨文化专题研讨

128. 内

场景：武当山寺庙

人物：玉娇龙，罗小虎

时间：傍晚/夜

　　玉娇龙、罗小虎走到罗小虎的床边。两人相对而跪，四目相对。

129. 外

场景：武当山

人物：玉娇龙，罗小虎

时间：日

　　玉娇龙与罗小虎爬上崖顶，层层白云覆盖着山下的峡谷。

　　罗小虎：龙妹！

　　玉娇龙：还记得你说的故事吗？

　　罗小虎：心诚则灵！

　　玉娇龙：——许个愿吧！小虎！

　　罗小虎：（闭上眼）一起回新疆！

　　就在这一刹那，玉娇龙笑着转身，轻轻将身一纵，抛出山巅，抛向云端，轻似一片飞鸿，荡入云海，一重过一重……云朵好像轻轻地把她抓住，然后她便消失不见了。

　　罗小虎则仍然站立不动。他笑了，眼泪流满脸颊。

◎ **我思我在**

1. 本片内涵丰富，你觉得影片的主题是什么？请用一个词来概括，并谈谈你对影片主题的理解。

2. 下面是电影中李慕白临死前与俞秀莲的一段对白，有人喜欢，有人批评，请你作一些点评。

　　李慕白：生命已经到了尽头，我只有一息尚存——

　　俞秀莲：用这种口气练神还虚吧！解脱得道，元寂永恒一直是武当修练的愿望，提升这一口气，到达你这一生追求的境地。别放下，浪费在我身上。

专题问道

专题4 镜头下的异域——探究东西方文化碰撞与融合

李慕白：我已经浪费了这一生！我要用这口气对你说：我一直深爱着你！

李慕白：我宁愿游荡在你身边，做七天的野鬼，跟随你！就算落进最黑暗的地方，我的爱，也不会让我成为永远的孤魂——

3. 据说在国外电影节上放映《卧虎藏龙》，西方观众见电影结尾处玉娇龙纵身跃下悬崖，不禁唏嘘不已，而中国观众对结尾处这样的情节安排很是不解。请谈谈你对"玉娇龙之死"的理解。

※ 实践笃行

当东方与西方相遇
——从电影看中西方文化的碰撞与融合

随着世界经济日趋一体化和全球化，文化的全球化时代也悄悄来临，而电影作为一种大众文化的载体，日益成为不同地域文化互通的纽带。

活动一

《刮痧》：移民的文化困境

来美国8年的新移民许大同事业有成，家庭幸福。一场因刮痧而起的争取儿子监护权的官司，不仅使他失去了工作，还导致了父子分离，夫妻分居，朋友失和。他曾经以为实现了的美国梦破灭了……

请大家观看由郑晓龙执导，梁家辉、蒋雯丽、朱旭主演，北京紫禁城影业有限责任公司2001年出品的电影《刮痧》，看看电影表现了哪些东西方文化冲突，想想这些冲突的深层原因是什么，文化冲突该如何化解。

1. 请用自己的话写一则故事梗概；

2. 从下列关键词中任选2—3个,结合相关故事情节,谈谈你对影片所表现的文化冲突的认识。

关键词1:刮痧

大同儿子丹尼斯身体不适,刚来美国不久的大同父亲看不懂药品外包装上的英文,就用传统的方法给丹尼斯刮痧。丹尼斯意外受伤入院,医生发现了他背上的"伤痕",认定丹尼斯受虐待而报警。听证会上,众人就刮痧是虐待孩子的表现还是一种治疗手段展开了辩论……

儿童福利局:根据医生的报告,从伤痕的颜色和程度来看,它发生在丹尼斯头部受伤前两天,我们相信,这些照片足以证明丹尼斯一直生活在危险的环境中,应该受到儿童福利局的保护。

昆兰:你怎么能这样对待你儿子!你是不是忘了告诉我,你以为没人注意你儿子的背后。活像一块烤牛排!

大同:那是刮痧,是传统的中医疗法。那天丹尼斯肚子痛,刮痧只是治疗,常说的家庭疗法。我小时候刮过无数次。

昆兰:如果把这个称之为治疗,我不知道什么才是虐待儿童。

霍尔威兹法官:如果你们想聊天,我们就都回家算了。被告还有要说的吗?

昆兰:没有了。

大同:我有。我觉得你们没有明白。刮痧是一种传统的中医疗法,可以治疗各种疾病。中医认为人有七经八脉,就像无数小溪流向江河,江河又奔向大海。人的身体就像非常复杂但看不见的生命的网络,如同计算机网络一样。人的气发自丹田,又回到丹田,也是同样的道理……

霍尔威兹法官:律师,你的当事人在说些什么?我们理解不了你的话。这样吧,许先生,密苏里州的车牌上写的是什么?

大同:嗯,"用证据说话"。

霍尔威兹法官:完全正确!请一位医学权威证明你的论点,要用一个普通老法官能看懂的英语来证明。

大同:好的,我可以试试。

专 题 问 道

专题4 镜头下的异域——探究东西方文化碰撞与融合

霍尔威兹法官：是你给你儿子刮痧的吗？许先生？

大同：是的，是我做的。

简宁：不，不是他！

大同：简宁，别乱说，别忘了我们正在替爸爸办绿卡。

霍尔威兹法官：我警告你，法庭上必须讲大家都能听懂的话。你还有什么要说的？

简宁：没有了，阁下。

霍尔威兹法官：为澄清事实，我再问一遍：是你给你儿子刮痧的吗？

大同：是我。

霍尔威兹法官：那么，在有新证据之前，我只能相信丹尼斯生活在不安全的环境中，他应当由儿童福利局监护，等待庭审结束。

［提示］你觉得这场冲突的根本原因是什么？如果你是大同，为了说服法官，你会如何解释"刮痧"？

关键词2：孙悟空

为了证明自己没有虐待孩子，是一个爱家庭和孩子的好父亲，大同在第二次听证会上做了一番深情的演讲。而控方律师却断章取义，用大同以孙悟空为原型设计的游戏攻击大同，证明他是个有暴力倾向的人。

控方律师：只要看看许先生日夜从事的工作，就知道他是个沉湎于暴力文化的人。

大同：暴力文化？我是按照中国传统文化中的英雄设计了游戏主角的形象。孙悟空是个善良、有正义感的英雄，代表我们传统价值观和道德规范。

控方律师：你在说价值观和道德规范？我也读过英文版的《西游记》，那个游戏的主角就是从这本书而来的，看看这只猴子的道德和价值观：孙悟空受托管理九千年一熟的桃园，这只有道德规范的猴子孙悟空却把桃园占为己有，当别人制止他时，他竟毁坏了全部桃树……再看看这家伙的价值观，一个神仙炼成了长生不老药，孙悟空不但吃光了全部药丸，还掀翻了炼丹炉，砸烂别人的车间。

大同：简直是胡说八道！

控方律师：这么一只顽劣粗鲁的中国猴子，却被许先生当成道德和价值榜样……

大同：你以为你是什么玩意儿！你对中国文化一窍不通！你是个无耻的骗子！我

美美与共
跨文化专题研讨

爱我儿子,你什么都不懂!

法官:够了!够了!戴维斯先生,你的表演不被欣赏。许先生,你不仅没有证明刮痧是一种治疗手段,反而证明你是个危险人物!你在法庭上的行为,足以说明你是个危险人物。我决定丹尼斯由儿童福利局监护。本案将正式进入审判程序。现在退庭。

[提示]控方律师和大同对"孙悟空"这一形象的理解完全不同,你如何看待双方的分歧?

关键词3:家庭教育

在电脑游戏设计大奖颁奖式上,大同的儿子丹尼斯与老板的儿子保罗起了冲突。大同要丹尼斯向保罗道歉,丹尼斯不肯,大同当着众人的面打了儿子。晚上大同回家,发现儿子生气了。

大同:不给爸爸一个拥抱,嗯?

丹尼斯:不!

大同:爸爸今天打你不对,爸爸向你道歉。

丹尼斯:你从没有打过我。打小孩的爸爸不是好爸爸。今天我跟爷爷坐。

爷爷:这小家伙怎么坐这儿来了?

大同:他说我今天打他,他现在不理我了。

爷爷:小家伙,那么小心眼儿啊,还能跟爸爸记仇吗,啊?"打是亲,骂是爱,不打不骂不成材。"

丹尼斯:爷爷说什么呢?

大同:爷爷说爸爸打你是为你好,因为爸爸爱你。

丹尼斯:那我打保罗也因为我爱他?

[提示]爷爷和爸爸都认为打孩子是为了孩子好,可作为二代移民的丹尼斯怎么也理解不了。你怎么看中国的这种教育传统?

关键词4:面子

听证会上,出庭作证的昆兰向法官承认许大同确实因为小孩打架而打了丹尼斯。大同认为朋友出卖了自己,决定辞职。

昆兰:大同,非常抱歉,我想说……

专 题 问 道

专题4 镜头下的异域——探究东西方文化碰撞与融合

大同：我说了不想和你说话！

昆兰：我不能撒谎，他们都知道了……

大同：离我远点，我没时间也没兴趣听你废话。我只想要回儿子，重建生活。

昆兰：所以你现在更需要这份工作。

大同：我把你当朋友你却出卖我，怎么还能指望我和你一起工作？

昆兰：我讲了事实，你不该打孩子。

大同：我为什么打他？为什么？我自己的儿子？我打他是对你的尊重，给你面子，懂吗？

昆兰：什么乱七八糟的中国逻辑，你打孩子是为了对我尊重？

大同：不可理喻。

昆兰：你说什么？

大同：我再送你一句中国成语：道不同不相与谋。

[提示] 大同认为他当面打自己的儿子是为了给昆兰面子，而昆兰却认为这是"乱七八糟的中国逻辑"。对此你怎么看？

3. 大同走出困境了吗？

《刮痧》有一个大团圆的结局。为了兑现给儿子的承诺，大同在圣诞夜冒险从公寓外的水管爬上九层高楼"回家"。公司老板昆兰亲身尝试刮痧后，说服儿童福利局，也说服法官取消了对大同的禁令，并将取消禁令的文书于圣诞夜送达大同家。大同一家三口得以团聚，大同与朋友间的误会也消除了，丹尼斯开始学习中文。所有冲突似乎都在圣诞夜消解。很多人看到这个结局时热泪盈眶，但也有人认为这个结局太牵强，只是导演的一厢情愿罢了。对此，你怎么看？大同有没有走出困境呢？如果没有，他该如何走出困境？

活动二

《MULAN》：用好莱坞的方式讲中国故事

花木兰是同学们熟悉和喜爱的巾帼英雄，她的事迹在中国广为流传。可谁也没有想

美美与共
跨文化专题研讨

到1500年后这位土生土长的中国女孩漂洋过海来到了美国。1998年,迪士尼公司出品了取材于中国乐府诗《木兰辞》的动画长片《MULAN》。为了这部迪士尼史上的第36部动画长片,公司动用近700位艺术家与工作人员,耗资一亿美元,历时五年制作完成,该片的全球票房达三亿美元。1999年,《MULAN》获第71届奥斯卡金像奖最佳配乐(音乐、喜剧类)提名。然而这部在美国乃至世界大受欢迎的卡通片在中国却遭到冷遇,票房仅为1000多万人民币。国人为什么不待见经过改造的美国式花木兰呢?两者在人物形象、故事情节、主题表达等方面有什么不同?这些不同背后的深层原因是什么?我们该如何看待好莱坞影片中越来越多的中国元素?同学们不妨围绕这些问题展开讨论,相信会有令人惊喜的发现。

1. 观影与记录:迪士尼《MULAN》与乐府《木兰辞》之比较

		迪士尼《MULAN》	乐府《木兰辞》
人物	同		
	异		
情节	同		
	异		
主题	同		
	异		
其他	同		
	异		

2. 分析与探究:迪士尼改编花木兰是创意还是误读?

同学们看完迪士尼动画片《MULAN》除了有"似曾相识"的感觉外,有没有在心里大呼:这还是中国的木兰吗!迪士尼显然对乐府《木兰辞》进行了美国式的改造。你认为迪士尼改编花木兰是成功还是失败?是创意还是误读?

3. 表达与交流:从《MULAN》看中美文化的碰撞与融合

专 题 问 道

专题4 镜头下的异域——探究东西方文化碰撞与融合

"观影与记录""分析与探究",同学们已经对《MULAN》这部用好莱坞方式讲中国故事的影片有了较深入的了解,那么就请将你与小伙伴合作探究的成果写成讲稿,并制作演示文稿,在分享会上与大家交流吧。

参考话题:

➢ 迪士尼动画《MULAN》折射出的中西方文化差异

➢ 两种文化背景下的女英雄

➢ 花木兰,一个中国文化符号的传播

➢ 迪士尼动画《MULAN》:误读还是创意?

➢ 迪士尼动画《MULAN》:文化的胜利还是资本的胜利?

➢ 由迪士尼动画《MULAN》看好莱坞电影的跨文化传播

➢ 从迪士尼动画《MULAN》看好莱坞越来越多的中国元素

专题 5

你追求的真实

——审视外媒视角下的中国事件

亲爱的同学们,作为中国人,你可曾关注别人眼中的中国? 多少年来,"中国"这个词一直是一种神秘的存在,马可·波罗笔下的古老国度,互联网时代社交媒体中国网民代表的现代形象,国外媒体大量报道的中国政治经济形态、民生万象……在外媒眼中,中国,正成为一股不可小视的力量,他们对中国经济发展大加赞叹,但又对这个世界最大的经济体充满疑惑;他们对古老中国的悠久文化充满向往,但又对当今中国百姓的素质深感不满……这一切,都吸引着他们,引发他们的无数猜想,他们用文字、摄像机等工具,表达着各自对中国的理解。

这个专题,我们将选择一些素材,一起学习,一起思考,通过比较不同群体、不同文化、不同视野下的"中国印象",探究其背后隐藏的深层问题。这段共同学习、探讨的旅程没有终点,感兴趣的同学可以通过课外阅读相关题材的作品来继续你的学习之旅。

※ 含英咀华

借他们一双慧眼[①]

周鑫宇

四个外国人眼中的中国

中国应当如何赢得真正的国际尊重呢? 坦率来讲,这个问题很难回答。因为我们发现,外国人怎么看中国,似乎并不完全由中国人的主观愿望来决定。外国人看待中国的方式,有他们自己的缘由。

[①] 节选自《中国,如何自我表达》(人民出版社 2014 年版)。

专题问道

专题5 你追求的真实——审视外媒视角下的中国事件

2008年,也就是中外关系发生前面提到的戏剧性变化的那年,我正好在美国做访问学者。有一天,我在美国中西部的怀俄明州旅行,汽车停在路边的麦当劳休息。夏季的草原异常美丽,我决定拿着食物坐到店外的椅子上,在阳光中享受壮阔的美景。

不久以后,一辆大卡车停在了店边。司机从高高的驾驶室里跳了下来。我看了看他,这是一个典型的美国中西部的男人,也许算见多识广的那一类。他摇摇晃晃地来到我身边,和我说起话来。

"你是游客吧?日本人?"他问我。

"不,我是中国人。"

在美国,很多人都分不清日本和中国。但是这个司机明显知道日本和中国的区别。因为这时候他的脸上露出同情的表情来。接下来他告诉我,他认为美国应该怎样更好地帮助其他落后国家,包括中国。

这个美国司机眼睛中透露出来的,是外国人头脑里关于中国的第一幅图画。我一点都没有想要向他解释什么。因为在美国、在全世界,绝大多数人对中国都知之甚少。不要说美国中部草原上的卡车司机,即便是美国联邦国会议员,来过中国的也是极少数。当然,我们完全不必为此而抱怨。著名外交家、前中国驻法大使吴建民曾说过,美国国会议员80%没有护照。这意味着多数美国国会议员根本就没去过任何其他国家。就算是剩下那20%曾经出过国的议员,大部分也就去过紧挨着美国的加拿大和墨西哥,或者是加勒比海上的旅游胜地。作为全国性政治家的国会议员尚且如此,美国广大的普通民众就可想而知了。

这种颇为惊人的事实表明,我遇到的卡车司机实际上反映了世界上绝大多数人看待中国的方式。这个世界上的大多数人对国外的世界既缺乏了解的渠道,也没有深入了解的兴趣。于是,他们从关于外国的只言片语中搭建一个外国的形象,而这个形象往往影射着他们对自己国家的看法。比如这位卡车司机认为美国是世界上最富有的国家,那么对他来说中国就是不发达世界的一部分,与非洲南部的那些国家没有区别;他为美国三权分立的民主制度感到自豪,则想当然地相信中国人的政治制度是不可接受的。这就是大多数西方人把中国看得过度落后或者专制的原因。

说实话,我理解这位卡车司机的看法,因为大多数中国人也用同样的、以自我为中心

美美与共
跨文化专题研讨

的方式想象别的国家。

就在遇到这个卡车司机不久以后,我在美国首都华盛顿参加智库战略与国际研究中心举办的"全球青年领袖"沙龙,又看到了全然不同的另一幅中国图画。在嘈杂的大厅里,一个30多岁、西装笔挺的男人,端着咖啡踌躇满志地向我走过来——看他的样子,我猜他正在事业的上升期。这种人是美国人词汇里典型的"青年领袖"。当他知道我来自中国的时候,露出了兴奋的神情,热情地赞叹说:"未来的市场在中国!"然后他开始跟我谈论在中国做"新生意"的方法。他说:"我计划在中国建立一家像Craiglist那样的网站。我应该怎么做?你知道Craiglist吧?"

我表示我知道Craiglist。一个同城信息分享的网站,每个人都喜欢用。但是据我所知,类似的网站中国已经有好几家了,竞争非常激烈。

听到我的介绍,这个男人脸上露出难以置信的表情。我只好把中国网站的网址写给他。他很认真地放进兜里。然后他不甘心地问我:

"中国有像facebook那样的网站吗?"

"有的。"

"亚马逊那样的呢?"

我想了想,说:"有的。"

我有点担心自己的回答会让他过于失望。但我很快发现自己总是小看了美国人的乐观精神。他喝了一口咖啡,说:"好吧。也许我仍然可以做点儿什么。"

"也许你可以先去中国看看。"我最后说。

"当然。"他握住了我的手。

我不知道这个人最后会不会去中国。在华盛顿这样的开放地区,很多人在谈论中国。但跟中部大草原上的卡车司机和农民一样,即便是这些处在全球化最前沿的美国城市精英,大多数人也都没有到过中国。他们每天使用中国商品,看到很多来自中国的人,对此习以为常,或者偶然感到困扰——比如电视上报道中国商品的质量问题的时候。

不知道从哪一天开始,电视上的竞选广告又开始不断说是中国人抢走了美国人的工作机会,美国政府欠了中国很多钱,甚至美国的全球领袖地位将被中国替代。这让美国人更多地意识到中国的存在,也让他们对这个国家感到更加困惑。2008年全球金融危

专题问道

专题5 你追求的真实——审视外媒视角下的中国事件

机之后,在世界上很多人眼里,中国是希望之所在,也是恐惧之所在。一个超大型的、强劲增长的新兴经济体对于美国到底意味着什么,成为西方最有争议、最矛盾的话题之一。最关键的是,讨论这些话题的人,大多数根本没来过中国。

在来过中国的外国人眼里,我看到过关于中国的另一幅图画。几年前,我曾经作为陪同人员在北京接待了美国马里兰大学教授本杰明·巴博。巴博教授是杰出的政治学者,这是他对北京的第二次访问。上一次已经是在20世纪80年代了。在陪同巴博教授从机场到市区的路途中,我本以为他会对窗外的城市发表评论。要知道,他上次来的时候,这些绵延的大楼都还是荒地。然而他一路都很沉默。几天下来,他都在默默地观察。直到有一天,汽车经过北京城中心一片残破的四合院时,本杰明突然兴奋地说:"这才是我记忆中的北京城。"

是的,古老的、陈旧的、历史沧桑的、文化上神秘而难以接近的,这才是中国。可惜当时我并没有清楚地意识到这一点。在离开北京之前,本杰明提出希望看一场"中国戏剧"。时间很紧,我便带他到北京最好的剧院看了一场歌舞剧。看完之后,他很明显地表示失望。

后来我想到,剧很好,只是内容和形式都太现代了,太西方了。可是难道我要带他去天桥看一场京剧?可我自己并不太懂京剧,这也许会让他更失望。古老的四合院和神秘的京剧,许多外国人眼中的中国标签,在当今的中国已经越来越少了。

上面三个故事,展现了世界看待中国的三幅截然不同的图画。三个故事都是来自西方人的。我想最后讲一个来自非西方世界的故事,看看关于中国的第四幅画面。

2011年,我加入一个中国记者访问团,到巴基斯坦访问。在那里,很难在街头看见西方人。基地组织的头目本·拉登刚刚被美军特种部队击毙,报复的行动正在各地展开。我们在各种袭击的消息中走遍了巴基斯坦大多数城市和省份,感受这乱世中的平静和友善。与印度危险的军事对峙,难以控制的阿富汗和伊朗边境,不断发生的自杀性袭击,碉堡和拒马密布的城市街道,美军的战机和直升机在领土上空肆意地掠过,高额的赤字和苦苦维持的经济。在巴基斯坦这样一个典型的第三世界国家里,中国又是一个什么形象呢?

在那里,中国是先进的:在拉合尔的博物馆,那里陈列着四千年前古印度文明的文

物,不远处还有伟大的莫卧尔王朝的皇宫。一个头戴黑纱的穆斯林少女高兴地告诉我,她马上要到中国留学。她去的是北京一个很好的理工科大学,离我工作的大学没多远。她太过兴奋,以致忘记了似乎不应该和一个陌生外国男人交谈太多。

在那里,中国还是友善的:在伊斯兰堡半山腰的观景平台上,每一个伊斯兰堡市民都想过来和中国记者合影。他们一致称中国人为"兄弟"。这些市民太过于热情,以致太过于紧张的安全警察不断地把他们从我们身边拉开架走。

除此之外,在那里,中国还代表着未来:在偏远的巴控克什米尔的首府,省督在他的帐篷里接待中国记者。他好像不会讲英语,而是用乌尔都语赞美中国是超级大国。我听到这个的时候,望着帐篷外的喜马拉雅雪山,思考这个词对这片部落地区的意义。在山腰蜿蜒的公路上,克什米尔卡车司机可能也会这样说。他们和我在美国中部遇到的卡车司机的看法截然相反。他们为中国公司开车。中国路桥集团正在这里修建一条世界上海拔最高的国际公路。

当然,巴基斯坦也许只是一个例子。实际上,中国在广阔的第三世界国家的形象跟在西方一样复杂、矛盾和分裂。巴基斯坦人可能觉得强大的中国"兄弟"是制约美国霸权和印度威胁的友善力量;东南亚一些国家则想在美国和中国之间寻求某种平衡——即便中国强大而重要,也要提防她以强凌弱的可能;非洲人有的把中国看作一种成功的新发展模式、不附加条件的援助者,有的则在西方媒体上批判中国公司只知道挖油找矿、恶劣对待当地劳工的"新殖民主义"。

但总的来说,第三世界的人们更少受到在西方普遍存在的自我中心主义观念的影响,他们更容易站在客观的角度看中国。在这样的角度上,大多数第三世界国家的人认为:中国的发展蕴含着巨大的能量。中国崛起的含义远非一个新兴市场那么简单。

四幅图画的组合

前面我实际上提炼出了外国人关于中国的四幅图画,它们分别来自美国农村的卡车司机、华盛顿的商人精英、访问中国的西方学者和第三世界的学生、市民和部落领袖。在全世界的外国人眼中,关于中国形象的图画还有很多。如果说每个人心中都有一个哈姆雷特,那么每个人心中也都有一个中国。

但在我看来,上述故事中展现出来的四幅图画也许具有最深刻而广泛的代表意义,

专题问道

专题5 你追求的真实——审视外媒视角下的中国事件

可以成为我们理解外国人"中国观"的四把钥匙。这四幅图画分别是：

1. 灰色图画：第三世界的中国

中国是一个发展中国家，巨大而落后，有着第三世界国家的种种特征。无论在政治上还是在经济上，中国都需要发达国家的教导和帮助。即便今天中国经济已经快速发展，其政治也仍然是落后的，需要向西方人学习如何尊重人权、实现民主。

2. 绿色图画：新兴市场的中国

中国是最大的新兴市场之一，一片欣欣向荣。她快速发展的经济、稳定的社会和良好的基础设施建设，是资本获取高额利润的天堂。与中国接触，意味着经济机会。

3. 黄色画面：东方文明的中国

中国是古老、悠久和神秘的东方文明的代表。她散发着与西方文明不同的迷人气息。但同时，这也暗示着中国人是与西方不同的，有时甚至是难以理解的。中国这样一个异种文明的崛起，可能会导致"文明的冲突"。

4. 红色图画：超级大国的中国

中国正在成为未来的超级大国。尤其是西方传统强国在金融危机中苦苦挣扎的时候，中国力量的增长更加显得一枝独秀。不论世界是为此感到欣慰、焦虑还是恐惧，中国都在迅速建立世界性的影响力，并可能给工业革命以来的世界历史带来转折性的变化。

在与外国人的接触中，我发现这四幅图画有着广泛的代表性。无论是那些常年在中国经商和居住的外国人，还是对中国知之甚少、甚感疑惑的外国人，无论是普通外国民众，还是外国媒体和政治精英，很多人都可以从上面的四幅图画中找到某种程度的共鸣。他们对中国或复杂、或矛盾、或肤浅、或深刻、或歪曲、或明智的种种看法，都可以从上面四幅图画及他们的组合中找到根源。

◎ 我思我在

1. 作者认为"我遇到的卡车司机实际上反映了世界上绝大多数人看待中国的方式"，你认为这种方式是怎样的一种方式？

2. 文中多次写到"四个外国人"的表情，请谈谈这样写的作用。

3. 作者提炼了外国人关于中国的四幅图画，对这四幅画你有什么看法？

美美与共

跨文化专题研讨

外国人眼中的中国和中国奥运[①]

师 淇

最近,我随机访问了一些周围的美国年轻人,请他们谈谈对中国文化、社会和人的看法,得到了形形色色的反馈。在这些想法当中,有的让人大跌眼镜,也有的让人哭笑不得,更多的是让人感觉到加强文化交流和理解的重要。现在,我把这些访谈整理出来发表。希望借奥运会的机会,让全世界看到一个真实的中国、可爱的中国。

被访问人:小 G。

年龄:24 岁。

成长背景:西班牙出生、美国成长。

教育背景:国际政治系。

国民义务履行情况:在美军服役 5 年。

师淇:能不能举出几个你获取关于中国信息的渠道呢?

小 G:日常的消息我会去看《纽约时报》、BBC 和《华盛顿邮报》。如果我想深入和不受偏见地了解某个问题,我会去看关于国际政策的期刊,比如《政治学季刊》。

师淇:那你从这些信息里对中国得出了什么印象呢?

小 G:在不同的文化中,也许有一些像衣、食、言谈方面的差异,但是人从根本上都是被同样的理由驱使而活着的。爱,被爱,逃避死亡,寻找幸福。每一个文化肯定都有背后深厚的根基。即使我们从新闻上看到关于中国负面的一面,那又怎样呢?每个文化都有它好和不好的一面。对别的国家或者文化指指点点很容易,因为事情没有发生在我们身上。但是,我宁愿这样想:如果我们在他们的处境,会做得更好吗?我会试着去想象这些人有怎样的难处使他们不能解决那些问题,而不是仅仅要求他们那样那样或者停止

[①] 选自《魅力中国》,2008 年第 6 期(下)。作者为留美学生。

专 题 问 道

专题5 你追求的真实——审视外媒视角下的中国事件

这样这样。

师淇：对于即将到来的2008年北京奥运会，你有什么看法？

小G：我认为，这对中国人和中国政府来说，是近年来遇到的最大的考验。这边的（西方）媒体总是把2008年奥运会描述成"中国的成年舞会"（类似少女成年进入社交场合的正式介绍身份的舞会），喻为通过向世界敞开自己，让外面的世界走进来，中国成为世界主要力量的潜力当被正式地承认。

虽然事情不像中国人想象的那样，但是现在也没有必要仅仅因为某些人试图破坏这个舞会感到失望。根据我的经验，不管舞会开始前有多混乱，你永远不能判断你会不会在舞会上享受到乐趣。有时候，当事情过于重要，你越希望它顺利，你越在乎它，你就越有可能在舞会前夜经历一些小灾难。但是，嘿，你猜不到的，不管多少个小灾难发生过，许多舞会是很有趣的。让我们拭目以待八月份会发生些什么吧。

师淇：如果在有钱有时间的情况下，你会去北京看奥运吗？

小G：我不会去看奥运会，因为我不是大型舞会的狂热粉丝。但是我绝对想要到中国去看看现在中国正发生着什么。也许我会去一些小城镇，看看平常的中国人的生活，品尝真正的中国食物。这比起去看正被一些人搞复杂的奥运会，我也许会享受到更多的乐趣。

师淇：你想象在中国的生活是怎样的？

小G：我不知道，在我的脑海里没有图像。因为我从来没有去过，我宁愿保留我对中国生活的意见。相反的，在这个问题上应该由我来问你问题：在中国生活是什么感觉？很有压力呢还是很平静？有幸福感吗？在这个时期，因为外部的压力你们一定觉得很辛苦吧。不过你们已经经历了几千年的起伏，相信这个坎也能过得去。

被访问人：Brian。

年龄：23岁。

种族背景：意大利和爱尔兰混血。

教育背景：大学退学生。

工作背景：在日本一家推广公司担任电脑工程师。

美美与共
跨文化专题研讨

师淇：你对我们八月份的北京之行有什么期待吗？我知道你曾去过东京，那么你期待北京会有不同吗？

Brian：我想我会完完全全的迷失吧。关于北京有着政治和文化方面的迷思，我知道这是一个和世界别的首都相比有着悠久历史的城市，但是北京比起内陆的旧王朝首都又要年轻些。我听说这个城市是为了成为政治统治中心而建造的，在世界历史上，没有任何国家像中国这样如此长期又运转良好地处于王朝统治之下。所以，北京这座城市是政权的象征，即使在20世纪初的外国侵略和内战期间，对北京的掌握意味着权力的合法化。人来来去去，而北京依然是北京。这是在华盛顿或伦敦，甚至东京不会体会的感觉。现代北京的道路甚至都是以旧时宫殿为核心而规划建造的，多么奇妙啊！

我对这次的旅程感到非常激动。想想看，我和无数怀揣梦想和智慧的人一样在朝着这个伟大首都进发的征途上，有什么比这更厉害？

师淇：除了奥运赛事，你想看看北京的哪里呢？

Brian：我想去老城看看，北京的精髓保存最完好的地方。如果时间允许，我也想去周边的乡村地区看看。

师淇：你知道我们中国人总是对西方人想要参观中国欠发展的一面有意见，比如描述中国贫穷野蛮的电影，还有你们媒体上（关于中国的）新闻总是和污染、和农民有关。为什么你不想看看中国现代的一面呢？

Brian：首先让我区分你的问题，因为电影的展现和文化的展现是不同的。我不能代替西方人的主流，对我来讲，现代化本身就意味着西方化，所以我才想去这些不那么西化的中国人居住的地方，和他们交流。虽然我不讲中文，但我能观察他们的生活。来到另一个文化的追求不就是让自己受到文化冲击吗？假使你到了纽约，你也许会有些失望的。因为你没有像你想象中的那样受到文化冲击。为什么呢？在中国的一个现代化的城市生活久了，你对纽约的现代化也就没有特殊的感觉了。如果你想体验真正的美国，最好去中西部。

被访问人：Joao。

年龄：26岁。

专题问道

专题5　你追求的真实——审视外媒视角下的中国事件

成长背景：纽约出生的韩裔美国人。

教育背景：国际政治系。

重要经历：曾是美军驻伊拉克一员。

师淇：请问想到中国或中国人，你的脑海里首先会想到什么呢？

Joao：波普艺术可以回答这个问题啊。你知道安迪沃霍尔的毛主席画像吗？这就是我脑海里正浮现的图像。对于普通的美国人来说，中国有两面：一个是古代的王朝的中国，一个是现代的共产主义的红色中国。明显地，沃霍尔尝试描述了后一种印象。

师淇：这是一个很引人深思的图像，你关于中国的结论也很有灵气啊。如果让我自己去想，我也想不出有什么可以代表我们的形象，在你提出的这两个范围之外，也许奥运可以吧。那么你从什么媒介中来获取关于中国的信息呢？

Joao：我每天都会看BBC的消息，因为我觉得它最客观。如果我想要了解全球经济信息，我会去读《经济学家》杂志。

师淇：对于这些媒体，现在中国人当中，有不少对于他们报道中国和奥运的争议。你怎么看呢？你觉得CNN和其他的美国媒体是公正的吗？

Joao：首先我不认为CNN是公正的，尽管大部分时间他们试图让大家这么以为。依我之见，它是美国最跟随市场需求的媒体。这些人只关心能从观众那里吸引多少眼球，而不怎么关心新闻精神。

对于BBC而言，他们对事件不做过多评论而提供信息让观众思考是他们的道德准则。我不太了解关于北京奥运的争议，但是我知道BBC如果发现他们错了，会自我更正。他们不会公开致歉，但是他们会停止向错误的方向倾斜。这便是和CNN相反的地方，CNN的人不关心对和错。我希望BBC会做同样的更正，如果他们曾错误地报道中国。

师淇：你对我们政府塑造中国成为世界力量的工作怎么看呢？

Joao：首先我认为中国在世界事务中不是一个有野心的参与者。但是，因为快速经济发展的需求，最近政府也逐渐越来越主动地参与到世界事务中。举例来说，石油，就是

中国生存和发展的关键。我们必须了解,历史上的中国政权从未扩张出国门来竞争资源以求生存。相反,我们可以看到,历史上,美国和欧洲则对扩张实力甚至取得外国地区的控制权十分心安理得。

现在作为世界工厂,中国不得不努力争取获得世界资源和影响力的途径。中国人在达成交易方面很聪明,但是由于缺乏经验,相对地在推广形象方面比较笨拙。

师淇:我了解了。奥运会应该是中国推销自己形象的最佳时机,可惜现在被破坏了。

Joao:哈哈,先别悲观嘛,像小G说的,"别在舞会开始前就判断它的好坏。"而且你必须从问题的对立面来看。对于中国和中国人来说,这是一次将世界迎进家里来见证你们成功的机会;而对外部世界来说,这同样是一次找中国碴儿的绝佳机会。奥运会也像筹码,或者无论你怎么称呼它,政治牌,对,它是一张和中国竞争的国家在7年前就想要打的牌。中国人也许说:"嗨,我们总算有机会让世界瞧瞧咱们,顺便改变他们的看法了!"而世界也许会说:"嗨,我们总算有机会来改变中国了!"

我不觉得奥运会能从根本上改变任何事情,因为中国在崛起而且会继续下去。在世界和中国之间,有着利益和价值观的冲突,而一次单一的体育盛会不会使这些冲突消失,也不会恶化。如果我有发言权,那么就让我们将奥运会按照它本来的意义来开吧,放轻松并享受乐趣。

◎ **我思我在**

1. 文中将2008年奥运会称作"中国的成年舞会",这一比喻有何效果?

2. 被访者Brian说:"对我来讲,现代化本身就意味着西方化,所以我才想去这些不那么西化的中国人居住的地方,和他们交流。虽然我不讲中文,但我能观察他们的生活。来到另一个文化的追求不就是让自己受到文化冲击吗?"你同意他的说法吗?为什么?

3. 被访者Joao称"在世界和中国之间,有着利益和价值观的冲突",在你看来,"利益和价值观的冲突"可能体现在哪些方面,试列举两点并简要说明。

专题问道

专题5 你追求的真实——审视外媒视角下的中国事件

※ 实践笃行

他们这样"说"：外媒眼中的中国教育

一、活动导语

近年来,"中国式教育"这个词持续出现在我们的视线中,并且有越来越火热的趋势。从几年前上海学生在国际学生评估项目(PISA)中夺得全球第一引发热议,到国外教育界对自身教育成效的反思与忧虑,再到前段时间"中国教师训哭英国学生"视频刷爆朋友圈,一时间,"中国式教育"成为万众瞩目的焦点,支持者和反对者各执一词,众说纷纭,难有定论。在外国人眼中,中国教育有着怎样的面容和内涵？外媒眼中的中国教育是否能真实客观地反映中国教育的现状？想要了解这些内容,我们可能还得从"外国人眼中的中国"说起,下面我们就先从这个问题入手,一步步走近"外国眼中的中国教育"这个主题吧。

二、热身运动

Daisy在美国和加拿大留学多年,目前在美国定居,周围有很多学术圈的朋友。令她感到诧异的是,她的美国朋友虽然拥有较高的学识和理性的思维,却对中国有很多误解,或者是知之甚少。她在天涯社区国际观察论坛发了一张帖子,浏览量很大,下面是其中一部分内容。你浏览了她的帖子后,对"外国人眼中的中国"这个话题,有话要说吗？

Daisy：我是Daisy,生在中国,长在中国,大学毕业后在美国和加拿大留学多年,目前在美国定居,周围有很多学术圈的朋友,他们对中国的看法令我吃惊。我发这个帖子,想说说我身边的老外怎么看待中国,希望能对大家有所启发。在加拿大留学时,看到某权威媒体关于中国城管的报道。整个画面都是灰色调的,非常压抑。解说词说：穿着制服的警务人员,每时每刻都在大街上巡逻,时时刻刻盯着街上老百姓的一举一动。此时画面给出的是卫生巡逻的照片。虽然国内经常有关于城管的负面报道,但这样张冠李戴的画面还是让我啼笑皆非。

1楼：国外媒体出现这种不符合事实的报道,主要还是源于他们对中国的刻板印象。但是时代在发展,用一成不变的眼光来审视中国就有问题了。
2楼：

(续表)

Daisy：现在中国很多高校开始高薪聘请北美名校教师到中国讲学,有些教授是请不到的,他们会跟你说,行程已满,没有办法。但私底下会说,怕到中国之后被空气毒死,被食品药死。中国有什么好事,美国这边是不会报道的,有个天灾人祸、事故、空气污染、食品中毒,一定大力报道。也难怪人家会有这种想法,实话实说,污染确实是中国的痛中之痛。	
1楼：中国在环境治理方面,的确还存在很多问题。西方媒体如果如实报道,也无可厚非。但如果总是夸大其词,甚至居心叵测,那就值得我们深思了,体制差异不应该成为诋毁对方的理由。 2楼：	
Daisy：说一个音乐系教授吧。他也算是有名的钢琴家,全球巡回那种。我记得有次聚会和他聊起来,他问我,你在国外待了这么久,回去还习惯吗？听说中国都不让女孩子上学的？我看到很多网友说不用在乎外国人对我们的看法,但这对海外华人很重要,中国的国际形象不仅会影响海外华人的生活,对中国自身的发展来说,也有很多值得思考和提升的价值。	
1楼：真实的中国是怎样的？希望海外华人多多宣传,也希望日益强大的中国,成为海外华人最强大的后盾。多听听媒体对我们的报道,也有利于我们反思自己。 2楼：	

（改编自 chessworld 2014 年发表于"天涯论坛"的帖子《说说我身边的老外怎么看待中国和中国人的》）

三、小试身手

近两年,一篇名为"47张图告诉你:中美教育最全对比,如此触目惊心"的文章成为网络热点。它的作者是 Dr.Terry,他曾被保送北大,后又在美国三所大学分别获得两个硕士学位和一个教育学博士学位。基于这样的教育背景,在跨文化交流中他对中西方教育的巨大差异有着很深的感触,他将这些感触用十分直观的对比图呈现了出来。请你通过网络搜索找到并阅读这篇文章,然后完成后面的小任务吧！

1. Dr.Terry 的这篇文章在网络上一经发表,就引起了巨大争议,赞同者和反对者各执一词,讨论异常激烈。如果你是赞同的一方,你能就其中一张图说说赞同的理由吗？

2. 在 Dr.Terry 的文章中,中国教育显然处于劣势。反思自身缺点无疑很重要,但全

专题问道

专题5 你追求的真实——审视外媒视角下的中国事件

盘否定中国教育显然也有失公允。对比美国教育,中国教育的优势何在?请列举1—2点,并简要阐释。

四、升级挑战

和Dr. Terry大赞美国教育、贬斥中式教育有所不同,英国媒体对本国教育忧心忡忡,希望能够多多了解和借鉴中式教育,因此,他们在一所英国学校引进了五名中国教师,开展了为期一个月的教育实验,并将之拍摄成一部纪录片,这就是《我们的孩子足够坚强吗》。外国人通过短短一个月的教学实验,得出的"中国式教育"之印象,是否就是"真实"的中国教育?外媒镜头下的"中国式教育"带给你怎样的感受和思考?让我们带着中国学生的经验,以一名"观察员"和"评论员"的角色来审视外媒镜头下的"中国式教育"。为了提高研习效率,请提前观看BBC纪录片《我们的孩子足够坚强吗》。

(一)我是信息整理小能手:你能从影片中找到下面的信息吗?

1. 中式教育进入英国博航特学校以后,给这里的教育带来了哪些改变?请至少列举三种。

2. 这些改变产生了哪些影响?

(二)我是善于发现问题的观察员:你能从影片中发现下面的问题吗?

1. 中式教育VS英式教育,产生了哪些主要冲突?

2. 这些冲突带来了怎样的影响?

(三)我是敢于发表见解的评论员:你能针对以下问题发表自己的看法吗?

1. 针对两种教育方式产生的冲突,大家说法不一,你能在认真倾听、整理双方看法的同时,说说自己的看法吗?请填写下面的表格。

> 对冲突的看法

英方如是说	
中方如是说	
评论员如是说	

➢ 对冲突原因的看法

英方如是说	
中方如是说	
评论员如是说	

2. 外国人眼中的中式教育是怎样的？他们眼中的中式教育就是中式教育"真实"的面目吗？他们为何会这样看待中式教育？作为评论员，请你针对这些问题，写一则短评（字数不限），和大家交流一下吧。

五、自检建议

➢ 信息筛选类任务，要准确定位、信息全面

➢ 内容概括类任务，要抓住要点、语言简洁

➢ 观点评价类任务，要态度鲜明，有理有据

专题 6

不一样的狂欢
—— 比较中西方节日文化

吃饺子,闹花灯,赛龙舟,放鞭炮……浓浓的中国味,满满的民族情。这些传统元素将我们的节日装点得热闹非凡,我们的传统文化也在这些活动中得以传承绵延。越来越多好奇的西方人尝试用自己的方式来揭开东方神秘的面纱,甚至融入其间来感受。

同时,这些年也有更多别样的异域节日漂洋过海,来到这片古老的神州大地上。一样的美好祝愿,迥异的形式呈现;相同的情怀寄思,不同的信仰心理。外来的节日文化与我们的东方文明碰撞融合,上演着一场场不一样的狂欢。作为中学生的年轻人,你们有没有投身其间?这些异域节日带给你们怎样的感受体验呢?让我们进一步走近它们,了解它们吧!

※ 含英咀华

母 亲 节[①]

朱子仪

一、母亲节的来历

对母亲表示敬意的节日出现于 1600 年左右,英格兰人把四旬斋的第四个星期日定为"母亲星期日"(又译为"省亲星期日")。人们在这一天回家探望父母。即便是寄宿在有钱人家的佣工,到了这一天,主人们也会放他们的假,让他们回家与妈妈团聚。

[①] 选自《西方的节日》(上海人民出版社 2005 年版)。有删节。

美美与共
跨文化专题研讨

我们通常所说的"母亲节"起源于美国。在美国最早提出设母亲节建议的是美国女作家朱莉娅·沃德·豪(1819—1910),她因在南北战争中所写的《共和国战歌》歌词而闻名。朱莉娅于1872年提议将6月2日用做以献身和平为寓意的母亲节。有好几年,她都在波士顿举办一年一度的母亲节集会。美国其他地方也相继出现庆祝母亲节的活动。不过,将母亲节推向全国的努力出现在20世纪初,发起人是美国宾夕法尼亚州费城的安娜·贾维斯(1864—1948)。似乎安娜·贾维斯小姐并不知道"母亲节星期日"的存在,当时也没有人向她指出这一点。她的母亲贾维斯夫人有10个孩子,生前是一家教会主日学校的总监。贾维斯夫人曾提议设立母亲节,可惜生前未能如愿。据说她是在向孩子们讲述南北战争英雄的故事时,想到了含辛茹苦抚育英雄成长的母亲们。贾维斯夫人于1906年5月9日去世后,她女儿安娜·贾维斯小姐"执意认为在美国的日历上应该用特定的一天来纪念伟大的母性",并建议把母亲节定在她母亲去世的那天。就在贾维斯夫人去世一周年忌日,安娜组织了首次母亲节活动。此后她到处演讲,投书各界名流,呼吁设立母亲节,获得了热烈的响应。1910年,西弗吉尼亚州长宣布5月的第二个星期日为母亲节,一年以后所有的州都庆祝这个节日了。1914年5月7日,美国参众两院通过决议案,把每年5月份第二个星期日确定为母亲节,美国总统威尔逊两天后签署公告,正式颁布实行。到1948年安娜去世的时候,全世界已有43个国家设立母亲节,但选择的日期有所不同。

二、母亲节的庆祝方式

母亲节的庆祝活动一开始是在教堂里举行——对母亲致以敬意的主日礼拜。由于安娜·贾维斯小姐的母亲生前酷爱石竹花(即康乃馨),石竹花便成了母亲节的节花。

在母亲成为全国性节日以后,美国规定所有的公共建筑物和每户人家都要悬挂国旗,以表示对母亲的敬意。美国总统在每年的母亲节都要发表内容相似的文告。

这一天,人们不管年龄大小,都要对自己的母亲由衷地表达深厚的感激之情,赠送花束、贺卡和礼物。远离母亲的人们寄贺卡或打电话向母亲问候。因此,这一天在美国也是一年里邮政业务和长途电话最繁忙的日子之一。母亲节的早晨,在美国有的孩子按照传统要侍候母亲在床上用餐。孩子们送给母亲他们自己制作的或从商店买来的礼物。成年人送给母亲红色的石竹花。如果母亲已经离开人世,人们就带着白色石竹花去母亲

专 题 问 道

专题6 不一样的狂欢——比较中西方节日文化

的墓地。在美国,这一天是餐馆一年里最忙碌的日子,因为在这个特殊的日子,家里的人不让母亲做饭,也不让她做别的家务。反正这一天要让母亲愉快地度过节日。许多家庭在母亲节由丈夫和孩子们把全部家务活包了下来。

三、赞美母亲的名人名言

她把面包分成两块,给了孩子,两个孩子狼吞虎咽地吃了下去。中士抱怨道:"她没给自己留一点。"有个士兵说:"因为她并不饿。"中士说:"因为她是一位母亲。"

——维克多·雨果

所有我具有的和期盼的,都得归功于我的母亲。

——亚伯拉罕·林肯

母亲对着摇篮唱的歌将一直伴随人走到生命的尽头。

——亨利·沃德·比彻

我的母亲塑造了我。她对我如此忠实、如此充满信心,以至于我感到我可以为一个人而活着——我一定不会令这个人失望。回忆母亲将一直是天赐予我的福分。

——托马斯·A.爱迪生

◎ 我思我在

1. 一个节日的出现往往有其偶然性,一个节日被接受又往往带有必然性。从这篇文章中你了解到了母亲节的来历之后,能不能说说母亲节形成的偶然性及其被推广普及的必然性?

2. 在上述维克多·雨果赞美母亲的文段中,那位中士说"因为她是一位母亲"。你是怎么理解这位中士的话呢?对"母亲"二字你有什么样的理解?

3. 中国人自古讲求孝道,"孝"是人伦之本。《论语·为政》中有这样一章:"孟武伯问孝。子曰:'父母,唯其疾之忧。'"有一种解释是如果要问"孝"是什么,想想你生病的时候父母是如何担心你的,你能用相同的态度去对待你的父母,大概就是"孝"了。结合你所了解的知识,谈谈为什么在中国这样一个如此重视孝道的国家,千百年来却没有母亲节呢?

4. 如今,母亲节在中国也流行开来。你和身边人的庆祝方式与文中提到的有什么异同?如果有不同,那么你是怎样看待这种本土式变化的?

日韩节日习俗中的文化传承比较①

于会歌

日本从古代起就崇尚外国的技术和物品,只要是觉着好的东西就积极地引进。然后便与诸般"引进"玩起了"太极"——悦纳它,却又拒绝"内化"它。对于西洋节日,亦是如此,比如圣诞节、情人节等在日本的境遇。

阳历12月25日的圣诞节,是耶稣诞生的纪念日,是所有信奉基督教的国家最重大的节日,是举国欢庆、阖家团聚的日子。自从圣诞节和欧式建筑一同被日本从西方"舶来"以后,每一年的圣诞期间,全日本也都沉浸在喜悦的气氛中。恋人们在咖啡店计划着一个又一个节日活动,父母带着孩子到百货公司挑选圣诞礼物,各家电视台都精心准备了适合全家观赏的特别节目。很难想象,与圣诞节高度共鸣的日本社会,其基督教信徒竟只占全体国民的1%。那么,既然不是宗教信仰的力量,又是什么推动了圣诞节在日本的普及呢?这要从战后日本经济蓬勃发展说起。当时,在忙碌的工商业社会中,日本老百姓需要一个能与亲友交流、让身心休养放松的节日,在时间上与新年最近的圣诞节,便担当了这样一个救赎的角色。商人们看准了这样的需求,自然不会放过,于是各式包装与营销手段便随之粉墨登场,从而奠定了以商业活动为支撑的日式圣诞节的根基。

日本另一个"舶来"的节日是情人节。阳历2月14日的情人节,是为了纪念古罗马的基督徒瓦伦丁而产生的,现已是西方各国共同的节日。日本人以其特有的兼收并蓄本领,硬是将情人节涂上了一层厚厚的东瀛色彩。日本人一年过两个情人节,一个是2月14日的,另一个是3月14日的,日本人称之为"白色情人节"。日本2月14日的情人节,对于女子来说不仅是"言情",更需要多多地"言谢"。谢谁呢?男上司、男同事、男同学、男网友,甚至于家中的父亲、兄弟、丈夫,谢谢他们一年来对自己的关照。于是,日本情人节市场上的巧克力便分成了两类:一类是特殊巧克力,用来送给真正的情人们;另一类是普通巧克力,用来"言谢"。等到了3月14日,凡是在2月14日收到男子礼物的女子,

---

① 选自于会歌《日韩习俗中的文化传承比较》(辽宁经济管理干部学院学报,2008年第2期)。

专题问道

专题6 不一样的狂欢——比较中西方节日文化

都要以相应的礼物回赠对方,以示谢意。

综上所述,日式圣诞节和情人节,是商家的"赚钱日",是消费者的"工具日"。12月25日的圣诞节,消费者以之为工具,让其缓冲自己打拼一年的所有惯性,调整状态迎接日本最隆重的节日阳历1月1日的新年。日式情人节,消费者以之为工具,让其承载"言情""言谢"的一份份心意表达,以追随礼尚往来的千年传统,巩固一步一个脚印铺垫下来的"人脉"。踊跃地过节,即便是当成工具,也仍然是一种"悦纳";但始终是"消费"式地过节,也意味着从未在心灵上"内化"什么。

在韩国,有几个与老人有关的节日,受到人们的普遍重视,比如父母节、回甲节等。5月8日,是韩国的父母节。旨在弘扬国民孝心、继承传统家庭制度的父母节,已经成为不忘父母养育之恩、恭敬长辈和老人、发扬光大敬老孝亲传统美德的节日。为此,政府积极挖掘孝子孝女、传统模范家庭、令人敬佩的父母等,并向他们颁奖,以进行鼓励。父母节那一天,除了纪念仪式外,还举行家庭卡拉OK比赛、集体花甲宴、邀请演艺界人士举办宴会等快慰父母的活动,以及运动会、孝敬旅游、发行孝行事例集、给父母佩戴康乃馨等活动。节日那一天,多数子女都为父母佩戴康乃馨,再献上精心准备的礼物,表示感恩。

回甲节,是韩国庆祝老人60周岁的重要家庭节日之一。每个家庭都很重视老人的花甲寿辰。父母诞辰60周年那天,子女们要为老人举办"花甲宴"。花甲宴上,子女亲朋欢聚一堂,老两口穿上新衣端坐正中,身穿盛装的子女按辈分长幼为序排开坐下。祝寿开始,从长子夫妇起,到孙子止,依次斟酒向老人跪拜祝福,感谢老人的辛苦操劳及养育之恩。

由上观之,韩国节日习俗中的文化传承,有一个醒目的特点就是对老人敬重有加。韩国自古以来就有尊敬老人的传统,老人在韩国普遍地受到尊敬和优待,有着很高的家庭和社会地位。

从节日习俗这个窗口进行凝望,可以发现日本的文化传承呈现出"钟摆式"的特点:不停地摇摆,为了不断地借力;动态的平衡,源于固态的压力。

日本节日里对儿童的感性祈愿与平日里对儿童的理性训练,日本节日里对中国传统"形"的坚持与"神"的疏离,日本节日里对外来文化"使用"上的悦纳与"认知"上的拒绝内化,这所有方面的和平共处,让人们看到日本人不太在意不同来源的文化之间的矛盾、逻辑的非连贯性以及与自身文化的冲突。各方冲突能够协调到并行不悖的一个好方法是

让一切如钟摆一样成为动态的存在。吸收一段时期的外来文化之后，再产生一股反向的潮流，强烈要求回到固有文化中去，如此循环不已。日本文化始终不易与外来文化融合，它只是将外来文化当衣服穿，而衣服是不能与躯体合二为一的。一个现代日本人，通常每天要过几小时欧美式的生活，也要过几小时传统的日本式的生活。

日本岛国的山川虽然秀美，但自然灾害比较多，台风、暴雨、地震、海啸、火山爆发等现象频频发生，而且岛上大部分地区农耕的自然条件也不理想，在这样的背景下生存，必须付出艰辛的努力。日本民族在成长发展的历史中，深深感受到岛国的种种局限性。所以整个民族具有极强的凝聚力，并且极其善于模仿，对外界新事物常常有敏锐的发现，有比较多、比较强烈的贪婪欲念。在岛国生活数千年的历史，并没有让日本人形成强烈的本土文化的自豪感，反倒形成了主动接受外来文明的意识和习惯。日本人如同钟摆，在优越感和自卑感的两个极端摇摆。动态的平衡与坚韧，源于始终存在的固态的压力与危机感。

而韩国的文化传承呈现出"打糕式"的特点：所有的儒学传统都是有食用潜质的"米"，一蒸二打三切成为"营养"当代的一等精神主食。

韩国节日对老人的敬重有加，对"中国文化源"的执着重视与发扬光大，对民族传统"点点滴滴"上寄予的强烈信心，这所有方面的和谐一致，让人们看到身处"儒学文化圈"的韩国，果然不负西方学者"儒教国家的活化石"之称颂，在中国，发黄的典籍上记载的内容，在韩国仍然部分地存活着。

打糕，是韩国最富民族特色的传统食品，做法是先用洗净泡好的糯米或黄米蒸成饭，然后在木槽或木臼里打成很粘的面团。吃时，用刀将其一块块切下，分层码进碗里，撒上豆面，也可蘸蜂蜜或白糖吃。韩国文化的传承，正是以"打糕式"的方法，将儒学广博的思想反复打磨，用于现代社会的各个领域，就算形式不同，其质地也是万变不离其宗。无论是国家的选举活动，还是社会关系网络的组成，大到国家的政府体制，小到家庭生活，亲情关系、地缘关系等，儒家伦理渗透到社会的各个角落。

◎ 我思我在

1. 本文作者分别用"钟摆式"和"打糕式"来形容日韩两个国家不同的文化传承方式，形象而准确。特别是"打糕式"，用韩国传统美食的制作过程做类比，也可算是精妙了。

专题问道

专题6 不一样的狂欢——比较中西方节日文化

你能不能适当结合文本,用自己的话给这两种传承方式做一个概括?

2. 根据文章的内容和上题自己概括的定义,你觉得中国人对待西方舶来节日的态度是怎样的呢?请举例说明,并给它一个形象的称呼。

3. 不论是本民族的传统节日形式,还是对待外来节日的态度,都是由该民族的民族性格和民族心理决定的。本尼迪克特编著的《菊与刀》中就提到日本人对"报恩"有特别的理解和崇尚,也许正是源于这一点,日本人对情人节有了文章里提到的"言谢"的本土演绎方式。又比如我们中国人特别重视家庭,所以元宵节都会吃一碗热腾腾的汤圆,来预示"团团圆圆"的好兆头。

你能否任意选择一个节日(传统节日或外来节日均可),谈谈我们中国人对这个节日的演绎方式背后的原因。

※ 实践笃行

全球最大的盛会:外国人眼里的中国春节

活动一

2017年的春节前夕,一部由BBC在2016年拍摄的大型纪录片《中国春节:全球最大的盛会》火遍大江南北,微信朋友圈、微博和各大网站都转发不断,给忙碌了一年的中国人增添了一份对欢度中国年的期待。人们纷纷感慨,为什么我们这些年抱怨的越来越寡淡的年味,在外国人的镜头下竟然重新燃烧浓厚起来,儿时的记忆、家的温度、民族认同感都涌上心头。

纪录片里打动我们的究竟是什么?为什么西方人的镜头语言能够轻而易举地唤起了我们的共鸣?我们不妨找来这部纪录片重温一下。

1. 讲什么?

纪录片摄制组派出了多支小分队,前往中国大江南北的10多个大小不同的城市拍

摄。如果是你带领一支团队,可以任意选择以下一个地区作为取景地点,你会选择_____：

A. 北京　B. 香港　C. 黑龙江　D. 湖北　E. 四川　F. 浙江

到达该地区后,你想用镜头记录哪些有关春节的点滴展示给观众？BBC 又是怎样选择的呢？不妨来完成下面的表格：

取景地区：			
我		BBC	
取景地点 1		取景地点 1	
拍摄目的		拍摄目的	
拍摄人物		拍摄人物	
文化元素		文化元素	
收视亮点		收视亮点	
取景地点 2		取景地点 2	
拍摄目的		拍摄目的	
拍摄人物		拍摄人物	
文化元素		文化元素	
收视亮点		收视亮点	

2. 怎样讲？

把中国人最盛大的节日真实饱满地展现出来,除了精准选择有典型意义的内容之外,立体的叙述结构也是该纪录片成功的关键。你能不能发挥想象绘制一幅图示,形象而直观地把本片的叙述结构展现出来？

专题问道

专题6 不一样的狂欢——比较中西方节日文化

3. 讲得好不好?

倘若这部纪录片帮助了未曾到过中国的外国观众建立起了对中国新年的概念,那么这些观点与你这个土生土长的中国人心目当中的春节有出入吗?你对纪录片所呈现的哪个观点最为认同?又有什么不赞同的地方?请你用一句话予以点评。

我认同的是:_____
点评:_____
我不认同的是:_____
点评:_____

我们怎样过洋节?

活动二

一、任务描述

圣诞节,我们会在大街小巷看到大小各异的圣诞树,挂满了琳琅满目的小玩意;小朋友们幻想着圣诞老人在平安夜降临,往床边的大袜筒里塞进自己向往已久的礼物;商场里,憨态可掬的圣诞老人向来往的顾客问候示意。而在万圣节,南瓜灯、黑蜘蛛、黑袍子骷髅总会在不经意间闯入你的视线。但我们在渐渐习惯了这些外来节日的同时,是否会去思考:这种过法正宗吗?我们为什么乐意接受这样的过节形式?今天,我们就来对这些外来节日做一个全面体检,研究研究它们在中国的生存状况。

调查报告是很常见的一种研究方法和手段,我们平时也常常会在各种场合"被调查"。然而,调查问卷的制作并不是一件随意的活儿,需要我们对调查的话题有精准的认识,对调查对象和区域范围作出合理估计,也需要对问卷题目的设计花大心思——只有高质量的问卷设计,才能让被调查者准确地给出信息,从而使调查者更有效地获取有意

义的信息,并作出相应分析与反思。

关于洋节这些年在中国的"秘密",我们不妨自己动手来解开吧!

二、调研指南

1. 明确目标,分配任务

准确的信息来源于对调查人群、调查区域等的精准预判,而你对该节日的认知也会决定调研内容的广度和深度。万事开头难,和小伙伴们一起好好计划讨论,怎样才能有的放矢,一击即中。

开 题 表 格

小组成员		调研节日	
调研人群		调研区域	
调研话题			
初步认知			

2. 调研问卷的设计

设计完调研表格以后,可以根据下列提示进行问卷设计质量的评估和检验,然后前往调研。

评 估 项 目	是	不是	不确定
每个问题都有其意义和目的			
题型设计适合用来做问卷			
问题设计针对调研的人群和节日			
选择题的选项设置合理			
表述的语言和语体妥当精准			
考虑过必要手段吸引更多调研者			
考虑过必要手段保证回卷的质量			

专 题 问 道

专题6　不一样的狂欢——比较中西方节日文化

3. 回卷分析整理并形成报告

➢ 对回卷的数据进行统计和分析,对呈现的问题作深层次的梳理探究,要有问题意识;

➢ 整理成一份调查报告,适当考虑演讲技巧和吸引观众的策略,也要注意报告的呈现方式,如多媒体的运用、图表的制作等。

三、调研互动

1. 有一组同学选择了"国人如何过圣诞节"为调查问题,试图通过此次活动对"中西文化差异"窥得一二。下面是他们的问卷内容:

（1）你知道平安夜吗?

　　　知道□　　不知道□　　　日期是:＿＿月＿＿日

（2）平安夜会去教堂吗?

　　　会□　　不会□

　　　如果去的话,你是基督或天主教徒吗?

　　　是□　　不是□

（3）圣诞节的发源地是哪里?［请填空］＿＿＿＿＿＿

（4）会放圣诞树在家里吗?

　　　会□　　不会□

（5）会在圣诞节送什么礼物给他人?

　　A. 苹果　　　　　　B. 贺卡　　　　　　C. 糖果饼干

　　D. 根据对方需求　　E. 不送礼物

（6）希望和谁一起过圣诞节?

　　A. 家人　　　　　　B. 情人、配偶　　　C. 朋友、同事

　　D. 陌生人　　　　　E. 一个人过

（7）你过圣诞节的目的是什么?（可多选）

　　A. 消费　　　　　　B. 凑热闹　　　　　C. 增进感情

　　D. 感受不同文化　　E. 图开心　　　　　F. 其他＿＿＿＿＿

（8）过圣诞节时,你有过的切身感受是(可多选)

A. 无奈   B. 消费高   C. 浪漫有趣

D. 扰乱了正常生活   E. 身心放松   F. 其他_____

(9) 如果参加圣诞派对,你更喜欢哪些活动环节?

A. 抽奖   B. 表演节目   C. 化装舞会

D. 游戏互动   E. 品尝美食

(10) 你的年龄及性别为

男□   女□

15岁以下□   16—25岁□   26—35岁□

36—50岁□   50岁以上□

(11) 对于国人过圣诞节的现象,你的看法是(可多选)

A. 崇洋媚外   B. 拉动消费,促进经济

C. 用包容的心态看待多元的生活方式

D. 越热闹开心越好   E. 对本土传统节日冲击太大

F. 没什么看法

互动意见:针对调研目的,你认为最有价值的是哪两道题?认同它们的理由是什么呢?

2. 另一组同学则选择了"情人节在中国的现状"这一调研方向。回卷后得到了如下部分数据:

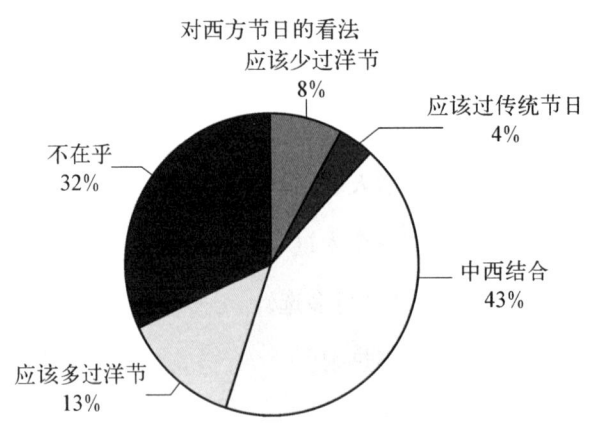

专 题 问 道

专题6　不一样的狂欢——比较中西方节日文化

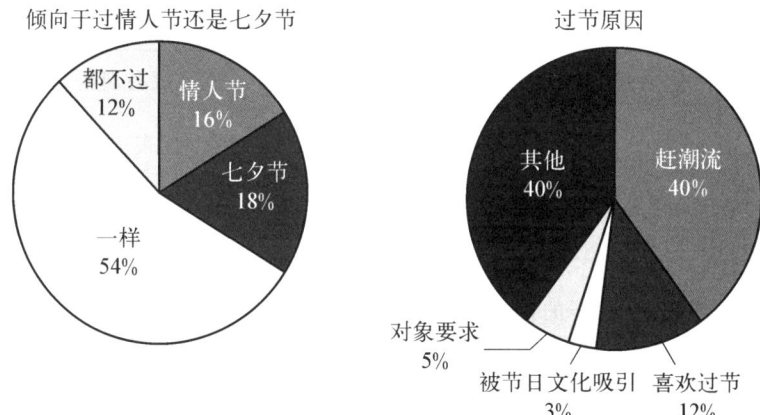

这组同学根据这部分数据得出了这样几条推断：

➢ 情人节对中国人来说主要目的是表达爱意。

➢ 情人节的本质意义在中国有一定程度上的削弱，即一部分人仅仅为了过节而过节，甚至小部分人是被动过节。

➢ 国人的思想日益开放，对于西方文化的接受能力正逐渐增强。

➢ 人们对过中西方节日的喜爱程度旗鼓相当。

➢ 中国传统节日并没有那么受欢迎。

互动意见：你认为他们的推断哪些是相对严谨的？你还可以得到哪些结论呢？

四、调研结论思辨

无论是主流媒体还是民间舆论，对西方节日给中国传统节日带来的冲击都持有不同的态度。有人认为是文化入侵，我们应该捍卫和复兴自己的传统文化；也有人则觉得这是全球化兼容并包的趋势，无须过度忧虑，大可欣然接受。如果你的想法倾向前者，请选择正方；更同意后者，则选择反方。针对对方的观点，来一场轰轰烈烈的辩论吧！

正方观点	反方观点
很多西方节日比如圣诞节，都有强烈的宗教色彩。倘若你不是该教的信教徒，却热衷过他们的节日，未免有些不伦不类。	反驳：

(续表)

正方观点	反方观点
反驳：_____ _____ _____ 不少群众只是出于乐一乐的目的来参与西方节日,但正是这种潮流,对西方文化的认同就会潜移默化地播种。长此以往,传统文化的影响力就要被大大削弱了。 反驳：_____ _____ _____	东方人对感情的表达太过含蓄内敛,传统节日的形式已经跟不上当今社会中国人的情感表达需求。 反驳：_____ _____ _____ 崇尚西方节日,正是我们缺乏民族自尊心的体现。只有开放思想去体验其他文化,才会有了解,有比较,进一步发现自己民族文化的精华,建立起民族自信心并促进本民族文化发展。

专题 7

从对方眼中发现

——西方汉学家笔下的中国古典风流

博大精深的中华文化在为中华儿女打下精神底子的同时,也以其独具的魅力,吸引了外国学者的目光。这些以中国人文社会科学为主要研究对象的外国学者被称为汉学家。汉学家是西方中国形象的建构者和传播者,从某种意义上说,他们是中国的西方"解说员"。他们把西方科学与文化传播到中国,也把中国文化介绍到西方,架起了一座座中西方文化交流的桥梁。现当代比较知名的汉学家有瑞典的高本汉、马悦然,德国的顾彬,英国的李约瑟,加拿大的卜正民,美国的费正清、艾恺、宇文所安等。

"不识庐山真面目,只缘身在此山中",作为中华文明的共同创造者和中华文化的传承者,"身在此山中"的我们有时难免为"情感"所蒙蔽,难以客观公正地审视自我。汉学家在将中华文化传播至世界的同时,也为我们提供了一个独特的"他者"的视角。这种"从庐山外观察庐山"的新视角可以帮助我们更全面地审视自我,避免妄自尊大或妄自菲薄,从而更好地与世界对话。

※ 含英咀华

《前朝梦忆》前言[①]

史景迁

张岱对明史有很透彻的理解。上溯至 14 世纪中叶,开国君主明太祖朱元璋出身农

[①] 节选自《前朝梦忆:张岱的浮华与苍凉》(广西师范大学出版社 2010 年版)。温洽溢译。史景迁(Jonathan D. Spence,1936—),历史学者,美国当代著名中国史研究专家,以研究明清史见长。现为美国耶鲁大学教授,历史系和东亚研究中心主任。主要作品还有《大汗之国:西方眼中的中国》《曹寅与康熙:一个皇室宠臣的生涯揭秘》《王氏之死:大历史背后的小人物命运》《利玛窦的记忆宫殿》《太平天国》《康熙:重构一位中国皇帝的内心世界》等。

村,贫无立锥之地,一度还出家为僧,游方四海。后来,朱元璋展现运筹帷幄的军事长才、果敢的决断能力,历过经年征战,驱逐蒙元的异族政权,一统天下。明太祖一方面分封诸皇子,另一方面在南京重建强大的官僚体系,透过组织地方上的大地主,完善农村的社会制度。明太祖性格暴躁,行事极端暴烈,但也以精明干练、眼界开阔闻名。太祖把皇位传给皇孙惠帝,新君学问渊博,对理想的中央集权方式有其见地,但太祖之子、惠帝之叔弑君,随即践祚,是为成祖。成祖自南京迁都北京,下令建造舟船,远航至非洲东岸和波斯湾,宣扬天朝国威与成就。

尽管这类远洋航行因耗费不赀而作罢,但缺乏先祖雄才大略的后继者,还是师法开国君主们酷爱夸耀、展露军威的习性。几任皇帝斥资重建北方残缺不全的边防城墙,成为后世所知的"长城",却完全抵挡不住北方蒙古铁骑虎视眈眈的侵扰。15世纪中叶,明英宗自认神武,结果在土木堡之役中被蒙古人俘虏圈禁,付了赎金才获释。英宗最后又从继承帝位的景帝手中夺回皇位,不过皇室蒙羞的印象已难以磨灭。16世纪初,明武宗与宦官在皇城中举行大规模的军事演习,与宫女全在帐篷生活,此荒诞之行又耗费白银不知几百万两。

16世纪中叶,眼见东部沿海有大半遭倭寇劫掠而荒芜,明朝皇帝却束手无策。所谓倭寇,除了海贼,还有对朝廷不满的地方领袖和沿海居民,当政者统称"倭寇",容易理解但不无误导之嫌。至于东北边防,在张岱出世前不久,万历皇帝曾有大胆之举,他调遣兵马、水师驰援朝鲜,成功协助朝鲜国王逐退兴兵来犯的倭军。这次出征虽大有斩获,但到17世纪初,靠近朝鲜边界的部落开始结盟,在中国北边集结成新兴的潜在敌国。这股势力与归顺的汉人通力合作,并以"旗"制编纳混杂而成的新军队,自称"满洲",宣布缔建国号为"清",于崇十七年(1644)攻陷北京,终结明朝国祚。

对于这些事情与北京明廷官僚庞然复杂的体系,张岱的理解或是透过阅读,或是从家人口中得知。事实上,从1540年代至1640年代百年间,张家有几人在不同时间,不同层级任职于六部,并与朝廷首辅大学士还颇有渊源,家族也有多人在省级官衙当差。中国的行政体系层层节制,下起县,中经像绍兴这样的城市,迄至省城,上达京师。张岱清楚整个指挥系统的错综复杂,以及在朝为官伴随而来的吉凶祸福。许多族人在京城等各地的亲身经历,他自孩提时代听过后就深埋心底,也让他立意要试着描绘官场的欺诈虚

专题问道

专题 7　从对方眼中发现——西方汉学家笔下的中国古典风流

矫本质。为了求真,张岱认为无须美化自家人的经历。事实上,张岱的著述令人惊愕之处,就在于他坦言亲人的苦难,甚至对父亲和直系亲人也没有例外。

四十岁前,张岱的生活周旋在读书与享乐两端之间,但对张岱而言,这样说也许不算恰当,因为做学问一样是其乐无穷。的确,张岱虽然镇日苦读却多年不成,然而实实在在地读书、反复思索与记忆,却让他不得不认为能与历代宗师为伍,本身就是无上荣耀。对张岱来说,历代伟大的史家、诗人、文论家从不曾逝去,他们立下的标准经常是无人能及,光是要追上他们,就令人思之振奋了。

明朝灭亡时,张岱四十八岁,尔后他得去面对一个残酷的事实:让他活得多姿多彩的辉煌明朝,被各种竞逐的残暴、野心、绝望、贪婪力量所撕裂,土崩瓦解,蒙羞以终。他反复追思回想,事情愈是清晰:如迷雾笼罩的路径,于眼前重现,诸多遗忘的嘈嘈低语,也咆哮四起。张岱丧失了家园与安逸的生活,书卷与亲朋好友也已四散,如今他后半辈子的任务,就是要重塑、撑起毁坏前的世界。面对满洲异族的统治,他已垂垂老矣,无力起而反抗,也无法再长年流离,于是他选择赁居在名噪一时的名园"快园",日子必须重新开始。

张岱的一生,就在崇祯十七年发生惊天动地的转折:他早年撰述明史的梦想不得不面对冷酷现实,转为阐释王朝败因。满人问鼎中原,随之兵祸不断、烽烟四起,张岱在山僧的掩护下,辗转避居南方山庙之间。张岱自言在那段浮萍飘零的岁月,还是随身携带卷帙浩繁的明史手稿。这或许是实情,总之张岱约在 1670 年代完成了这部巨制。现存的手稿复印件显示,当时这部书已可刊刻印行,不过整部著述到 1990 年代才在中国问世,这使张岱并非以史书留名,反倒因简短、警句式散文这种迥别的文体享有盛誉。

散文是晚明主要文体之一。散文讲究文体雅致,竭尽所能雕章琢句,以彰显作者的多才多艺,笔触要敏捷、不拖泥带水,以捕捉飘忽情绪或瞬间刹那,同时利用语气上的对比或急转直下,勾引且震惊读者。张岱的成长过程中,这样的文体一直很受欢迎,他自己后来也成为散文大家,从许多例子来看,驰名的散文大家同时也是游记作家(travel writer)。他们以浪迹天涯,游山玩水闻名,寄居名士之家,不断四处流浪,敏于音调、悖论,能看他人所不能看,感他人所不能感,行文走笔虽扼要洗练,但也处处旁征

博引。

不过明亡后,到顺治二、三(1645、1646)年间,张岱逐步体认到,这类文体特别适合追忆凤昔,把已沦丧的世界一点一滴从灭绝中抢救回来。北方农民叛军和清兵入关并作,是亡明的两大力量,然而张岱个人生命的巨大灾厄,终究化为开启他心房的锁钥,让堆累蓄积的记忆释放出来。张岱流离失所时撰写的《陶庵梦忆》手稿,篇幅虽短但感情丰沛,多亏友人保存,我们才有幸在日后分享他心灵永无休止的探索。

无论如何,张岱其人仍难以尽述。他曾享尽富贵却也尝尽磨难,不过其现存著作却透露,他甘于寓居在自己的内心世界。他不仅为自家子弟、忘年之交而写,也为同为明朝遗民的同志而写;张岱将乡愁置于对当下的关怀之上,好坏自由后人评断。他生于、长于龙山山麓,中年归返龙山,只为将心中了然之事理个清楚。

我们不能说张岱是寻常百姓,但他的确比较像是寻常百姓,而非闻人。他既嗜癖历史,也是史家,在旁观的同时也付诸行动,既是流亡者也是斗士,是儿子也是人父。他就像我们一般,钟情于形形色色的人、事、物,不过他更是个挖掘者,试图探索深邃幽暗之境。他理解到只要有人追忆,往事就不必如烟,于是他决心尽其所能一点一滴挽回对明朝的回忆。我们无法确信他诉说的每件事都真实无误,但可以肯定,这些事他都想留给后世。

◎ **我思我在**

1. 史景迁认为张岱的散文有怎样的特点,试作简要概括。

2. 史景迁认为,"散文讲究文体雅致,竭尽所能雕章琢句,以彰显作者的多才多艺,笔触要敏捷、不拖泥带水,以捕捉飘忽情绪或瞬间刹那,同时利用语气上的对比或急转直下,勾引且震惊读者",试从《陶庵梦忆》和《西湖梦寻》中各举一例加以分析。

3. 结合张岱的生平与创作,谈谈你对"只要有人追忆,往事就不必如烟"这句话的理解。

4. 你对张岱的印象主要来自哪里?读了史景迁的文字后,你对张岱的印象有什么变化?如果你对史景迁的文字感兴趣,建议课外阅读《前朝梦忆:张岱的浮华与苍凉》。

专题问道

专题7 从对方眼中发现——西方汉学家笔下的中国古典风流

杜 甫[①]

宇文所安

杜甫的诗作为千百年的后代诗人所逐篇模仿,但他对中国诗歌发展还有重要的一般性贡献。其中,他对题材的处理是最重要的贡献之一。在杜甫之前,诗人们写什么和如何写,主要是根据题材。杜甫不但大大超出了传统题材的限制,而且扩充了现成题材的范围,并将分散的诗歌"类型"的各种要素重新结合,创造出混合形式。杜甫名望在中唐的上升,正与题材在诗歌创作中的重要地位的大幅度下降相一致。这种情况在许多方面反映了中唐的特殊兴趣,但中唐重要诗人的范围也反映了杜甫的典范意义。

杜甫对不定场合诗歌[②]的处理具有特别重要的意义。在整个八世纪前期,不定场合的诗得到了重要发展,王维和李白的许多著名诗篇就是以这一形式写成。可是,在已经有了现成应景题材的情况下,不定场合的诗篇普遍受到限制,如王维的《送别》和《终南别业》,就受到访问诗传统的影响。杜甫的晚期作品中,不定场合诗特别突出地构成较大的比例。杜甫将这一形式扩展至较不常见的题材(如《客至》),并应用于新的场合(如《卜居》)。在许多情况下,不定场合诗与较旧的、纯修辞的题材结合在一起。例如,当杜甫写一首题为《雨》(他曾写过多次)的诗时,通常是一首不定场合诗,而不是咏物传统的修辞练习;可是,它又包含了某些所咏对象的一般意义,这正是咏物的特征。不定场合诗成为中国抒情诗最重要的类型之一,它深深植根于场合和眼前的非虚构世界,却又转向一般的意义。杜甫自由开辟了许多新题材,如儿子生日,庭树枯死,及公务繁杂,从而为中唐诗、特别是北宋诗的广阔范围提供了模式。诗歌不再受制于特定的程式化事件,而是适

---

① 节选自《盛唐诗》(生活·读书·新知三联书店2004年版)。贾晋华译。宇文所安(Stephen Owen,1946—   ),美国著名汉学家。现为美国哈佛大学东亚系与比较文学系教授。主要作品还有《初唐诗》《中国"中世纪"的终结》《晚唐:九世纪中叶的中国诗歌(827—860)》《追忆:中国古典文学中的往事再现》《迷楼:诗与欲望的迷宫》《中国早期古典诗歌的生成》《中国文论:英译与评论》《他山的石头记》等。
② "不定场合"是宇文所安自创的术语。"不定场合"的诗,指的是旨在表现特定时刻和场合,但诗题中的场合定义和诗中对场合的处理都具有普遍意义的一类诗。

合于生活体验的宽广范围。

组诗是杜甫对诗歌传统的另一重要贡献。在杜甫之前,将诗篇组合在一起已经形成传统,但杜甫是第一位充分发展组诗的诗人,在他的组诗中,每一首诗只有放在整组诗的背景里才能体现出完整意义。这种组诗完美解决了中国抒情诗的一个中心问题:既能充分展开题目,又不破坏短篇的简洁、密度及强度。写作组诗的最早冲动见于杜甫一些较早的诗篇组合中,如《秦州杂诗》。在这组诗中,诗人从组诗较前面的诗篇中抽取主题和意象,将单篇作品结合成大致连续的组合体。到了夔州时期,在写《秋兴》时,杜甫已经将这种组合技巧与一些较古老的组诗技巧相结合,如毗邻的两首诗的末句和首句相重复(如曹植的《赠白马王彪》)。此外,组诗的前三首按照从黄昏到第二天清早的时间顺序,较紧密地结合在一起。上述各种持续因素在《秋兴》中形成了复杂的连续发展,各种结构模式、主题及意象在这种发展中经历了复杂的修改和变形:夔州的长江先被长安的曲江所取代,其后又被"银河"和御宿所取代;隔绝和突破的意象以各种形态重复出现;色彩缤纷的世界与黑白的世界交替出现。

杜甫被公认为文体和诗歌语言大师,但他的精湛造诣并非简单的特征说明所能概括。寻找通俗诗人的批评家们指出了他的诗中一些看起来是口语的语言(洪业甚至认为这种通俗语言的倾向使他进士落第)。寻找学者的批评家们指出了古语和对诗歌成语的模仿。寻找唯美诗人的批评家们指出了圆美精致的语词。寻找语言试验者的批评家们指出了异常句法和新奇语义的段落。所有这些成分都存在于杜甫的诗中,都超出了八世纪中叶习用的诗歌语言,但没有一种能够界定文体家杜甫。

杜甫的风格既朴素又古雅,但他最富于独创性的文体特征是语言的复杂化,与主题的复杂化相应。语言的复杂以模糊多义的形态出现,在两种文体极端中可见到:陈述的语言和对句的"联想"语言。在这两种情况下,杜甫作品的模糊多义有时会达到无法理解的地步。

陈述语言的模糊多义最棘手,因为陈述体向读者表明,诗句只能是稳定的语义信息。《戏为六绝句》是杜甫模糊陈述的最好范例。下引是组诗之五:

> 不薄今人爱古人,清词丽句必为邻。
>
> 窃攀屈宋宜方驾,恐与齐梁作后尘。

专题问道

专题7 从对方眼中发现——西方汉学家笔下的中国古典风流

风格和题材在此处都以警句的形态出现,但诗篇读起来仍貌似流利。在组诗的前面,杜甫已经为庾信和初唐四杰作了辩护,反对同时代的复古诋毁者。首句涉及的问题有:"今人"到底是杜甫同时代的作家,还是一直追溯到庾信和初唐四杰的时代(按照传统的"古"代文学的结束时期);同样地,"古人"到底是庾信和四杰,还是先秦的诗人如屈原和宋玉。"今人"一词倾向于指同时代人,"古人"一词倾向于指五世纪前的诗人;可是,这两个词语的传统时代联系留下了三个世纪的裂缝,其中包括了庾信、四杰及第四句提到的齐梁。

这些所指对象的严重问题仅是一个不可靠的基础,在其上面还存在着真正的语言问题。首句还可以解释为:

> 我并不鄙薄今人对古人的爱好,
>
> 但清词丽句必将是我的邻居。

"清词丽句"与齐、梁、庾信及四杰有着密切的联系。在这种解说中,杜甫说的是他可以接受同时代人对五世纪前诗人的喜爱,但他偏爱的是庾信和四杰。但前两句诗的关系在很大程度上决定于读者如何理解"古人"和"今人":

> 我不鄙薄同时代人,但也喜爱很久以前的诗人(庾信等或五世纪前诗人)
>
> 他们的(很久以前的诗人,包括上述两种)清词……

或者,扩大至所有人:

> 我不鄙薄近代诗人(庾信等),并喜好古人,
>
> 但他们(近代诗人)的清词……

或许是:

> 我不鄙薄今人对古人的喜爱,
>
> 他们(今人)应该以(古人的)清词丽句作为邻居。

另一方面,杜甫可能认为古人和庾信、四杰一类较近代诗人的对立是错误的,并试图消除它:他们的(古代诗人和较近代诗人如庾信)清词丽句都应该被看成是邻居(即五世纪后诗人和五世纪前诗人比通常认为的有较多的共同之处)。

如果这些还不够混乱,第三句也有合理的不定意义:主语到底是杜甫(在这种情况下,他正在陈述其目标,谦虚地表示不及),还是同时代人,庾信和四杰的诋毁者(在这种情况下,他正在嘲笑他们)。还有,谁是齐梁的"后尘"——杜甫?还是那些诋毁者?或他

和同时代人与齐梁一齐成为古人的"后尘"？带着复古标准（杜甫有时也表示拥护）期待的读者，读到的是一首诗；希望看到杜甫称赞南朝和初唐诗的读者，读到的是一首不同的诗；期待着自信的杜甫的读者，与期待着谦虚的杜甫的读者，读到的又是完全不同的诗。这篇无辜的绝句呈现了"有所指"警句的假象，但其"所指"却随着读者的偏爱指向而任意转变。

所指对象的不确定性和联系的无限性是律诗较普遍的文体特性，特别是在对句中。但是，杜甫律诗的模糊多义，特别是他的晚期律诗，却远远超过了同时代人的任何作品。这一点已经见于前面所引《阁夜》的第三联和《江汉》的第二联。而这种模糊多义还可以出现在首联，如《冬深》：

> 花叶惟天意，江溪共石根。

第一句是否意味着春天的来临只靠天意？或诗人能活着见到春天只凭天意？或如仇兆鳌所认为，"花叶"是云的形态，随着天意而变幻？是否长江及流入江中的小溪在山石中有共同的根源？或长江和溪流与将在春天萌发"花叶"的植物共用石根？或江水与花叶般的云层共用石根（云与"石根"有着长久的传统联系，即"石根"是山云的起源）？或它们与诗人共用石根，因为诗人就像江水一样，从西方的山上下来，又经常将自己比成浮云？或在"长江和溪流"中一种可能成分与另一种可能成分共用"石根"？紧接首联的对句只能加深这些矛盾。杜甫努力于创造一种重要的诗歌，将世界各种事物奇特地统一在一起，这些事物充满象征价值，与未确定的指示对象形成未充分阐明的联系。通过这样做，他将中国诗歌语言的开放性带进了无所不至的范围。

◎ 我思我在

1. 在汉学家宇文所安看来，杜甫对中国诗歌的贡献是巨大的。试概括杜甫对中国诗歌发展的两点重要的贡献。

2. 宇文所安认为"杜甫作品的模糊多义有时会达到无法理解的地步"，并以《戏为六绝句》（之五）为例进行了分析。你认同他的观点和分析吗？

3. 唐诗是中国古典文学的一颗明珠，唐诗中的一些名篇是我们孩提时就会背的，而师长们对诗意的解说也常让我们有了先入为主的理解。而西方汉学家因其不同的文化

专题问道

专题7 从对方眼中发现——西方汉学家笔下的中国古典风流

背景或不同的价值观,而对唐诗有了不同的理解。阅读宇文所安《盛唐诗》的"导言"部分,摘录你认为有价值的与众不同的观点,并尝试阅读《盛唐诗》全书。

4. 课外阅读南京大学莫砺锋教授的《杜甫评传》,或收看中央电视台百家讲坛栏目《莫砺锋说唐诗》,找找莫砺锋教授与宇文所安教授观点的异同之处。

※ 实践笃行

跨文化交流之旅:跨千山万水,只为与你相遇

2017年11月,美国总统特朗普携夫人梅拉妮亚访华,受到了习近平总书记和夫人彭丽媛的盛情款待。两国元首夫妇在故宫宝蕴楼里喝大红袍,在太和殿广场合影,在故宫文物医院体验书画装裱工序的关键环节——托画心,在畅音阁观看京剧选段《梨园春苗》《美猴王》《贵妃醉酒》。期间,特朗普总统还用平板电脑向习近平夫妇展示了外孙女阿拉贝拉的表演。小姑娘用流利的中文演唱了歌曲《我们的田野》《我的好妈妈》,还用中文背了《三字经》和李白的诗《早发白帝城》《望庐山瀑布》。媒体评价,这是一次中国和美国的对话,东方和西方的对话,历史和未来的对话。

的确,在经济全球化的大背景下,文化交流在国际关系中的地位与作用越发突显。不同文化间的交流愈来愈频繁,也愈来愈深入,跨文化交流能力成了现代人必备的能力之一。人们越来越意识到,跨文化交流是一个互相发现、互相照亮的过程。让我们从三千年前的古文字出发,在古典文学的世界里,开启一场历千秋万载、跨千山万水的跨文化交流之旅吧。

第一站 横平竖直,似画非画——汉学家说汉字

横平竖直,似画非画的汉字是中华民族的独有创造,也是中华文化的重要载体。瑞典汉学家林西莉历时八年,完成了《汉字王国》一书,作品问世后即被译成多种文字,广为传播。三联书店2008年出版了该书的中译本,中信出版集团2016年出的中译本书名为"写给孩子的汉字王国"。在书中林西莉用自己的话讲述了二百多个汉字的起源和相关

的文化故事,正如该书的中文译者李之义所言,"这是一部关于中国语言和文字的作品,但内容却关系到整个中国的文明史"①。

"天""华""行""竹""鼓"这几个字在甲骨文、金文或小篆中怎么写?你可以尝试着对这几个字作个解说吗?林西莉是如何解说这几个汉字的?请从《给孩子的汉字王国》一书中找一找。

汉　字	试着"画"一下古文字	你的解说	林西莉的解说
天			
华			
行			
竹			
鼓			

第二站　多少楼台烟雨中——汉学家别解《江南春》

江　南　春

[唐] 杜牧

千里莺啼绿映红,水村山郭酒旗风。

南朝四百八十寺,多少楼台烟雨中。

1. 这是晚唐诗人杜牧流传千古的名篇《江南春》。诗歌展现了江南春景的丰富多彩,也给人深邃迷离的感觉。你能用自己的话说说诗歌的大意吗?

2. 明代文学家杨慎在《升庵诗话》中说:"千里莺啼,谁人听得?千里绿映红,谁人见得?若作十里,则莺啼绿红之景,村郭、楼台、僧寺、酒旗,皆在其中矣。"清代文学家何文焕在《历代诗话考索》中说:"即作十里,亦未必尽听得着,看得见。题云《江南春》,江南方广千里,千里之中,莺啼而绿映焉,水村山郭无处无酒旗,四百八十寺楼台多在烟雨中也。

---

① 出自《给孩子的汉字王国》(中信出版社 2016 年版)译者后记。

专 题 问 道

专题7　从对方眼中发现——西方汉学家笔下的中国古典风流

此诗之意既广,不得专指一处,故总而命曰《江南春》……"你更同意杨慎的观点还是何文焕的观点？说说你的理由。

3. 美国汉学家宇文所安别出心裁,从"烟雾"这一意象入手,对《江南春》作了全新的解读。你能摘录几首有"烟雾"意象的古诗词吗？

4. 宇文所安认为,《江南春》首联展现的是脑海中的春景,而非实地所见,里面有读者所期望的约定俗成的江南美景。第三句计数南朝寺庙的数量,是拿着书本知识衡量脑海中的画面。而最后一句是借蒙蒙细雨隐藏起了问题的答案,也帮读者解脱。此外,在宇文所安看来,"烟雾"还带有政治意味。天子如一轮红日统治全境,而"烟雾"诗意地抵制了皇家统治的空间。唐武宗会昌灭佛,江南许多曾存于皇帝"视野"内的寺庙被毁。时间上的过去常表现为空间上的距离,被历史抹去的在杜牧诗中"烟雾"的庇护下若隐若现。你是否赞同宇文所安的这一解读？不妨查阅相关资料,与同学交流一下各自的看法。

第三站　寻寻觅觅,冷冷清清——古诗译介有多难

"呼唤！呼唤！/乞求！乞求！/等待！等待！/梦！梦！梦！/哭！哭！哭！/痛苦！痛苦！我的心充满痛苦！/仍然！仍然！/永远！永远！永远！/心！心！/存在！存在！/死！死！死！死！"这首诗题为"绝望",据说是法国诗人克洛岱根据李清照的《声声慢》改编,被翻译回中文后简直"面目全非",诗意尽失。

《声声慢》(寻寻觅觅)是李清照的代表作,尤其开篇十四个叠字历来为人所称道。古诗本就难翻译,这十四个叠字的翻译更是难上加难。下面是四位翻译大家的译法,试着读一读,作一番比较与品评。

原句：寻寻觅觅,冷冷清清,凄凄惨惨戚戚。

林语堂译：So dim, so dark, / So dense, so dull, / So damp, so dank, / So dead!

杨宪益夫妇译：Seeking, seeking, / Chilly and quiet, / Desolate, painful and miserable.

徐忠杰译：I've a sense of something missing I must seek. / Everything about me looks dismal and bleak. / Nothing that gives me pleasure, I can find.

许渊冲译：I look for what I miss, / I know not what it is. / I feel so sad, so drear, / So lonely, without cheer.

第四站　片言只语短，相思缱绻长——一首外国诗歌的汉译狂欢

You say that you love rain,

but you open your umbrella when it rains.

You say that you love sun,

but you find a shadow spot when the sun shines.

You say that you love the wind,

but you close your windows when wind blows.

This is why I am afraid,

you say that you love me too.

这首诗据说是莎士比亚写的，但稍有常识的人都知道这显然是有人假借莎士比亚之名。据网友考证，它是一首土耳其诗歌，不知什么人把它翻译成了英文。这首诗近年来在网上热传，掀起了一场英诗汉译的"网络狂欢"，网友们将它翻译成了不同的中文译本，有现代诗版，有《诗经》版，有《离骚》版，还有五言古诗版，七言古诗版等。你不妨从网上找找这些汉译版本，并作些评析。你也可以尝试自己翻译其中的一二个版本。

版　　本	网络译本	我的点评	我的翻译
现代诗版			
《诗经》版			
《离骚》版			

专 题 问 道

专题7　从对方眼中发现——西方汉学家笔下的中国古典风流

(续表)

版　　本	网络译本	我的点评	我的翻译
五言古诗版			
七言古诗版			

新课标

新语

锦心绣口

新学习

写作而没有目的,又不求有益于人,这在我是绝对做不到的。

——列夫·托尔斯泰

说话周到比雄辩好,措辞适当比恭维好。

——培根

  如果说有一门学科与心灵关系最近,那无疑是语文;如果说有一门学科与生活关系最近,那无疑也是语文。心灵和生活共同指向语文的两极,从而使语文不仅拥有诗和远方,还有了扎根大地的力量。因而本板块的关键词是"实用":"锦心"侧重于实用写作,"应世致用"就是它的目标;"绣口"侧重于实用口语,"互动对话"就是它的生活情境。我们希望你借此获得回归大地和生活的能力,第一流的文字在土地上生长,最终回到土地;从生活中诞生,最终走向生活。

 **应世致用**

※"翻译"写作活动

译介信达雅

近代著名翻译家严复在《天演论》的"译例言"里说:"译事三难:信达雅。""信"是指译文要准确传达原文内容,"达"是指译文要通顺流畅,"雅"可理解为译文要有文采。后人常将"信达雅"视作翻译的原则和标准。

"信"要求译文不悖原文,但不悖原文的未必就是做到了"信"。比如,中国名菜的英译。"麻婆豆腐"被翻译成了"Bean curd made by a pock-marked woman"(满脸雀斑的女人制作的豆腐),让老外一头雾水。而"红烧狮子头"被翻译成了"Red burned lion head",狮子可是保护动物啊,怎么可以吃呢?当老外看到"Husband and wife's lung slice"(夫妻肺片)时,估计会吓得报警。中国是美食大国,饮食文化源远流长,若不顾菜肴的文化内涵而一味直译,就难免会闹出笑话。

"达"要求译文通顺流畅,不好的译文不但读着拗口,而且词不达意。1991年高考语文卷就曾选过一个不好的译文作为语用题材料:

> 地方法院今天推翻了那条严禁警方执行市长关于不允许在学校附近修建任何等级的剧场的指示的禁令。

问题一:地方法院究竟允许不允许在学校附近修建剧场?问题二:把这段文字改写成三个连贯的短句,要求层次清楚,文意明白。正因为这个译文让人不知所云,所以才有了上面两个题目。近日看到一则国际新闻,内容与上述例句一样复杂,但分成几个短句表达,意思就明白晓畅了:

> 特朗普上月27日签署行政命令,限制难民和移民入境。当地时间2月3日傍晚,美国华盛顿州西区联邦地方法院法官罗巴特签署临时禁令,裁定在全美范围内暂停实施特朗普有关限制难民和移民入境的行政命令。罗巴特的裁定生效次日,美国土安全部宣布,该部门将执行临时禁令。

"雅"是翻译的更高要求,"信"是"雅"的前提,"达"是"雅"的基础。真正好的翻译都是"信达雅"三者统一的。美国宝洁公司是全球最大的日用消费品公司之一,旗下许多品牌在中国都有一个非常本土化的名字,比如"飘柔"(Rejoice)、"海飞丝"(Head & Shoulders)、"玉兰油"(OLAY)、"舒肤佳"(Safeguard),这些名字既彰显了品牌的质量,又带给国人以美感。而将"Coca-Cola"翻译为"可口可乐"更是神来之笔,比原译名"蝌蝌啃蜡"不知要高明多少倍。著名的史学家、汉学家 John King Fairbank 有一个响当当的中文名——费正清,是梁思成给他起的,寓意"费氏正直清廉",而"正""清"两字又与"John""King"谐音。著名的中国史研究专家、英国学者 Jonathan D. Spence 的中文名叫"史景迁","史"与"Spence"相谐,"景迁"则有"景仰太史公司马迁"之意。

活 动 设 计

活动一:"鸡年"的"鸡"到底是哪一只?Rooster,Hen,还是 Chicken?

农历丁酉年是鸡年,问题是"鸡年"的"鸡"到底是哪一只?Rooster,Hen,还是 Chicken?我们还是问问梅姨吧。在中国农历鸡年春节即将来临之际,英国首相特雷莎·梅发表了春节贺词,向全球华人拜年。我们来听听梅姨怎么说:

> I want to send my best wishes to everyone in Britain, China and around the world celebrating ChineseNew Year.
> From the fairs in Beijing, to the fireworks in Hong Kong and the parades here in London, families and communities will come together and look to the year ahead——the Year of the Rooster.

原来,不是 hen,不是 chicken,而是 rooster,Year of the Rooster!

两年前,是乙未年羊年,奥巴马总统的春节贺词也遇到了类似的"麻烦","羊年"的"羊"到底是 Ram,Goat,还是 Sheep? 奥巴马总统是这么说的:

> So, whether you are celebrating the year of ram, the year of goat, or the year of sheep, may we all do our part to carry forward the work of perfecting this country we love. Happy New Year Everybody.

锦 心 绣 口

不管你是过公羊年、山羊年还是绵羊年，奥巴马都祝大家新年快乐。机智如奥巴马，幽了羊年一默。

其实，十二生肖作为中华民俗文化的一种符号，是有其深刻内涵的，翻译成英文时就要考虑到这一点。比如"鸡年"的"鸡"用 Rooster，而不是 Hen 或 Chicken，因为"雄鸡（Rooster）"让人联想到"雄鸡报晓""闻鸡起舞"，那种雄赳赳、气昂昂的形象寓意着国人刻苦勤奋、坚忍不拔的品质。明白了这一点，就请你尝试着用英文描述十二生肖吧。

鼠：_____　牛：_____　虎：_____　兔：_____

龙：_____　蛇：_____　马：_____　羊：_____

猴：_____　鸡：_____　狗：_____　猪：_____

活动二：你喜欢怎样的"自由与爱情"？

匈牙利诗人裴多菲有一首短诗《自由与爱情》，它的英文翻译是：

Liberty and love

These two I must have

For love, I will

sacrifice my life;

For liberty, I will

sacrifice my love

下面是该诗的两个中文译本。

版 本 一	版 本 二
自由，爱情， 我要的就是这两样 为了爱情， 我牺牲我的生命 为了自由， 我又将爱情牺牲（孙用译）	生命诚可贵， 爱情价更高。 若为自由故， 两者皆可抛。（殷夫译）

试比较两个中文译本，说说你更喜欢哪一个？为什么？你愿意尝试着自己也翻译一下这首小诗吗？

我更喜欢：	我的翻译：
理由：	

活动三：我来给首相当翻译

请将英国首相特雷莎·梅的 2017 春节贺词翻译成中文。

原　　文	译　文
I want to send my best wishes to everyone in Britain, China and around the world celebrating Chinese New Year. From the fairs in Beijing, to the fireworks in Hong Kong and the parades here in London, families and communities will come together and look to the year ahead—the Year of the Rooster. And what a year it is set to be—particularly for the relationship between Britain and China. Our starting point is stronger than ever before. We had the historic state visit of President Xi just 15 months ago. We receive more Chinese investment than any other major European country. We've got around 150,000 Chinese students studying here and the number of Chinese tourists visiting has doubled in 5 years. Meanwhile, as permanent members of the UN Security Council, our countries are working together on the most pressing global issues. This year also marks some important anniversaries: 20 years since the handover of Hong Kong to China; and 45 years of ambassadorial relations between our countries. I want us to take this chance to build on all the ties we share—in business, diplomacy, education, tourism and culture—as we forge a new role for Britain, as the most outward-looking, free-trading nation in the world. Indeed, I look forward to making another visit to China, following my trip to Hangzhou last year, which was my first visit outside Europe as Prime Minister and my first meeting with President Xi. And it is an auspicious time. The Rooster – the Fire Rooster – represents so many of the characteristics we need to employ in that endeavour: openness, confidence, hard work and leadership.	

锦心绣口

(续表)

原　　文	译　　文
These aren't alien concepts to any of us. Indeed, they are characteristics demonstrated day in, day out by the British Chinese community. For this is a community that makes an enormous contribution to our society – proving that the strength and success of this country rests on dedication, diversity and a deep spirit of citizenship among our people. So as the lanterns are lit and the dumplings are served, let me wish you and your family, wherever you are, a very happy and healthy New Year. Xin Nian Kuai Le.	

活动四:"苹果式中文",你怎么看?

你知道什么叫"苹果式中文"吗?先来看几个截图感受一下:

这些苹果中国官网的广告文案是如此的"与众不同",被称为"苹果式中文",有人认为苹果公司的中文翻译太差劲,太别扭,也有人认为这是苹果公司有意而为之,是一种营销策略。那么,对"苹果式中文"你怎么看呢?

◎ 提示

1. 找来苹果广告文案的英文原文,尝试着自己翻译一下。

2. 多找几则苹果中国官网上的广告文案,看看它们在表达上有什么共同点。

3. 找到广告文案在苹果香港官网和台湾官网上的版本,将三个中文版本作一下对比。

4. 了解一些苹果公司的企业文化。

5. 了解一下 IBM、思科、微软等公司的广告文案的中文翻译情况。

互动对话

※"报告"口语活动

如何让你的报告出彩?

语文新课程改革带来了语文学习方式的变革,项目化、活动化、研究化成为语文学习的新常态。这就需要同学们经常用口头报告的形式向专家或其他听众汇报自己的研究成果。那么,如何作口头报告呢?

我们先来看报告前需要做哪些准备。

第一,明确报告主题。报告的所有内容要围绕主题展开,不蔓不枝。

第二,拟定报告框架。框架是报告的筋骨,要能支撑起整个报告内容。好的框架要求层次清晰,逻辑性强。

第三,撰写讲稿。研究性学习的报告学术性较强,建议同学们将要讲的内容写下来,而不是单凭提纲即兴演讲。

第四,制作演示文稿。演示文稿是报告的辅助手段,好的演示文稿起码要做到"三清晰",即逻辑清晰、文字清晰、图片(视频、音频)清晰。演示文稿的模板、字体、颜色等要与报告的内容、风格协调一致。花里胡哨的动画和音效、密密麻麻的文字、凌乱不堪的页面等都是演示文稿的大忌。演示文稿的内容要少而精,要尽量对文字内容作视觉化处理,即将文字转化为图或表。

第五,模拟练习。就像新老师上课前可以先试讲几回,正式作报告之前也可以进行几次模拟练习,以便熟悉报告流程,熟悉讲稿和演示文稿的内容。这样,正式作报告时就不会怯场,即使中途忘词儿,也可以根据熟记的提纲而把话题从容接上。

报告需要精心准备,因为有价值的内容才是取胜的王道。当然,好的内容也需要有好的呈现方式,作报告时还需要注意以下几点:

第一,要"讲"而不是"念"。照本宣科地"念"讲稿、"读"PPT,只会让听众的思想"跑马",或让人昏昏欲睡。对比百家讲坛里广受欢迎的几位老师的讲课与国内某些大学的网络公开课,你会发现"讲"与"念"的效果是多么的不同。"讲"是用听众听得懂的话语、握得住的逻辑,以适当的语气、语调,娓娓道来。

第二,可以与听众有适当的互动。报告的内容和形式决定了它不可能像演讲那样声情并茂、慷慨激昂,也不可能像上课那样与听众有太多的互动。那么,报告如何才能牢牢抓住听众的心呢?除了内容要吸引人外,也可以用目光与听众交流。这种目光的交流既能让主讲人随时掌握听众的心理,又能实现主讲人与听众情感的交流,提高听众对报告的认同度。有时候,适当的发问也能帮主讲人抓住听众的心,但此法不能滥用。此外,报告时辅以适当的态势语言也是必要的。

第三,要衣着得体,举止文雅,情绪饱满。这既是对听众的尊重,又能体现主讲人自身的素质。

第四,要有随机应变能力。报告过程中也许会出现一些意外,比如突然忘词儿了,比如有听众大声地反对你的观点,比如场内突然停电,比如场外突然暴雨如注……主讲人要沉着冷静,随机应变,作出合理应对。报告时遇到当面的质疑或反对怎么办?(1)转述提问者的问题,缓和气氛,争取思考应对的时间。(2)坦率回答,不要不懂装懂。(3)面向全体听众,回答要简洁,避免一对一交谈。(4)积极应对,可邀请质疑者会后单

独交流。(5)尊重提问者。(6)微笑。

- 活动设计:"从《MULAN》看中美文化的碰撞与融合"专题研究分享会

本学期班里开展了一次项目式学习活动——从中西方文化碰撞与融合的角度审视迪士尼动画片《MULAN》。老师要求同学们自由组合成几个研究小组,进行认真的研习和精心的准备,并将各自的研究成果在"从《MULAN》看中美文化的碰撞与融合"专题研究分享会上与小伙伴们交流。

1. 确定报告主题:

参考话题:

➢ 迪士尼动画《MULAN》折射出的中西方文化差异

➢ 两种文化背景下的女英雄

➢ 花木兰,一个中国文化符号的传播

➢ 迪士尼动画《MULAN》:误读还是创意?

➢ 迪士尼动画《MULAN》:文化的胜利还是资本的胜利?

➢ 由迪士尼动画《MULAN》看好莱坞电影的跨文化传播

➢ 从迪士尼动画《MULAN》看好莱坞越来越多的中国元素

你们小组的报告标题是:＿＿＿＿＿＿＿＿＿＿

2. 拟定报告框架:

在拟定报告框架时一定不忘先问自己三个问题:

听众是谁?＿＿＿＿＿

他们想听什么?＿＿＿＿＿

我该怎么讲?＿＿＿＿＿

然后试着用思维导图拟一个讲座框架:

接着,请从报告框架中提炼出三四个关键词,依次写在下面的横线上:

_____

3. 整合材料,充实报告内容

4. 制作演示文稿

PPT制作完成后,要根据报告内容进行调试。请根据以下六条进行自检:

- ➢ PPT页面是否清晰,色彩基调是否和谐?
- ➢ PPT上的字体大小是否合适,字体选择是否恰当?
- ➢ PPT页面上的关键词句(观点、重点、要点)是否突出?
- ➢ 视觉化(比如目录、图表、图片等)处理是否得当?
- ➢ PPT逻辑是否清晰?
- ➢ PPT播放是否流畅?

5. 模拟练习

正如写作要有读者意识,口语报告也要有听众意识。请根据以下十条进行自检:

- ➢ 所讲内容有没有跑题?
- ➢ 观点提出是否符合逻辑?
- ➢ 过渡是否流畅?
- ➢ 报告的思路是否有利于听众把握?
- ➢ 报告的开头和结尾是否精彩?
- ➢ 音调、音量、语气、风格是否让听众听得舒服?
- ➢ 有没有口头禅?
- ➢ 是否与听众有目光交流?
- ➢ 态势语言运用是否恰当?
- ➢ 是否在规定的时间内讲完?

6. 作报告时观察同学们的反映,报告结束后征询同学们的意见与建议。如果再讲一次,你会做哪些改进?

_____

_____

新课标

新语

新学习

我学我秀

当仁不让于师。

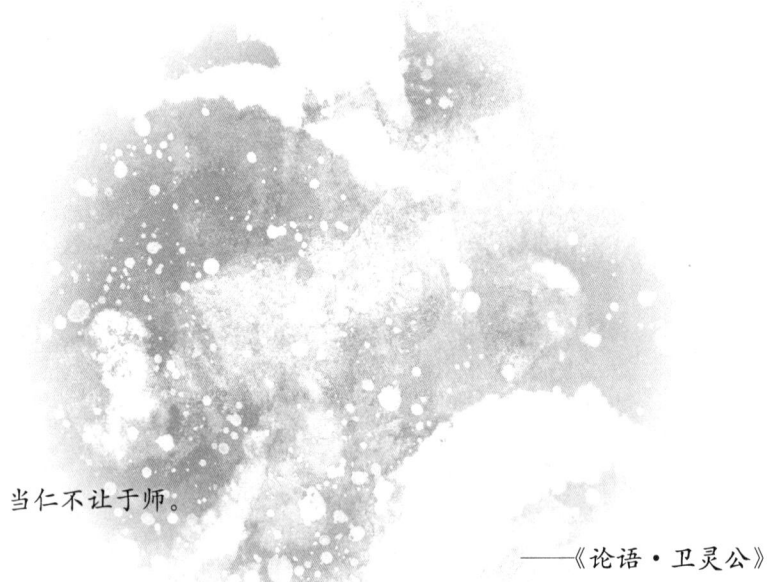

——《论语·卫灵公》

在本次学习之旅即将结束之时,我们为你送上两份礼物:"展览平台"收录的是你的同龄人在旅程中的成果,我们希望这些成果给你借鉴,予你鼓励,期待看到属于你的独一无二的作品;"自我评估"则是一份综合测试题,当然它不是日常考试的模样,我们希望给你的是一种更友好、更灵活的面孔,你可以借此评估自己的学习收获。

所有的相遇都指向分离,但学习不是。你读过的这些文章、思考过的这些问题,以及写过的这些文字都化成了你的一部分,跟随你,永不分离。

展览平台

动画片《花木兰》：迪士尼对中国传统文化的误读？

浙江宁波效实中学　杨效

花木兰是中国南北朝时期一位极具传奇色彩的巾帼英雄。她最早出现在《木兰辞》中，她的故事也因此流传至今，几乎家喻户晓。但花木兰这个人，在史书中并没有明确记载，她的事迹的真实性就这样变得神秘莫测。

花木兰的故事被许多电视剧、电影作品选作题材，但并不是每一部作品都受观众欢迎。

1998年，美国迪士尼公司出品了一部名为《花木兰》的电脑动画电影，这部影片在美国深受欢迎，但在中国，反响平平，大多数观众并不买账。在中国观众看来，这部片子的某些情节、某些画面完全颠覆了国人对花木兰的想象，片中的花木兰与我们心中的花木兰形象大相径庭。

美国迪士尼公司非常擅长对《白雪公主》《灰姑娘》这样的经典故事进行再加工，赋予它们以新的内涵，并融入美国社会的主流价值观，比如追寻自身价值，比如冒险、友谊。

《花木兰》当然也不例外。迪士尼看中了这个故事的传奇性，改编后的故事表现出纯正的美式格调。其中的情节充满了戏剧性。木兰利用雪崩击退匈奴（影片中称是匈奴，实际上是突厥）的进攻，立下大功；之后木兰独自返回皇城，营救了被单于绑架的皇帝，再次立下大功；单于被烟花弹"送上了西天"。迪士尼还按惯例为木兰配上了感情戏。士兵木兰与上司李翔校尉冲突不断，当然，结局是这对欢喜冤家有情人终成眷属，就像所有的王子与公主的童话那样。还有其他的人物设置，如宰相、老奶奶、木须龙、幸运蟋蟀等，时不时地戳中观众的笑点。这些都是迪士尼的经典套路。

改编后的花木兰也变得具有美式个人英雄主义的色彩。她独立、勇敢、善良、坚强、有主见。来到部队后，木兰凭着坚强的意志，刻苦训练，让自己一点一点强大起来。她的精神也感动了战友，木兰与战友结下了"兄弟般"的深厚友谊。当她的女性身份被揭穿、

被战友抛在冰天雪地里时,木兰只说了这样一句话:"也许我不是为了我爹,也许我只想证明自己是对的。"影片中的花木兰已不再是一位传统的中国女子。传统的中国女子地位卑微,只能在家中缝缝补补做针线活,不可能也不敢讲出这样的话。在中国古代的传统美德中,孝道是首要的,花木兰不可能为了自己而出走,她一定是为了年老体衰的父亲而上战场,而不是如动画片中所设置的那样,是为了追寻自我、实现自我价值而上战场。

片中的其他角色也是浓浓的美国色彩。比如说花木兰的奶奶,明显不是中国的老太太。中国封建社会中的老太太通常是含辛茹苦,忍辱负重,历经沧桑,受尽苦难,不可能像影片中的这位老奶奶一样,活得开心自在。她在木兰去相亲之前捉了一只小蟋蟀给木兰,说这只蟋蟀能带来好运。在影片结尾开玩笑说:"她应该带个男人回来。"在看到李翔时,她又说:"下次我也要上战场。"这完全是美国式的幽默。还有那只叫木须的小龙,时不时地出点状况,但它一直不放弃,始终陪伴在花木兰身边,给她带来了许多欢乐和坚持下去的勇气。

另外,为了符合大众的审美,也为了吸引儿童来观看此片,影片中并没有出现激烈、血腥的打斗场面,更多地是表现木兰的智慧,而非她的英勇。

东西方文化的差异自然会引起一些误解。当今,东西方的交流和沟通都在不断加强,然而文化上的误解仍然不可避免。可以说,迪士尼只是看中了花木兰这个人物的传奇性,并依照他们的理解将木兰由"忠孝"的代表改造成了"成长""励志"的代表。片中并没有真正融入中国传统文化的精髓,或者说片中所呈现的中国传统文化是西方人理解的中国传统文化,诸多的中国元素也仅仅是个符号。虽说女性主义也并未有损花木兰的形象,同样可以自圆其说,但终究不是我们心中的花木兰。

好莱坞式的解读:创新与超越
——我对迪士尼动画片《花木兰》的看法

浙江宁波效实中学　朱冰儿　胡灵琳

1998年,迪士尼公司根据中国古代花木兰男扮女装代父从军的传统民间故事制作了喜剧动画片《花木兰》,由此,中国人心中的集智慧与美貌于一身的巾帼英雄花木兰的形象,通过好莱坞走向了世界舞台。

在制作上,影片大胆采用了水墨画式的背景,其中的人物也都是黄皮肤黑眼睛的传统中国人,但花木兰呢?厚厚的嘴唇,略黑的皮肤,似乎与"当窗理云鬓,对镜贴花黄"这种小家碧玉的形象有出入。动画中的木兰是美国人理解的东方美人。于是,从最表面的东西,我们便能知道,这是一部建立在美式理解基础之上、反映美式价值观的影片,在浓浓的中国味背后,隐藏的是完全不同的文化,影片想要表达的也是全新的主题。

让我们先来看看木兰从军的动机。《木兰辞》中有这样的描述:"昨夜见军帖,可汗大点兵,军书十二卷,卷卷有爷名。阿爷无大儿,木兰无长兄,愿为市鞍马,从此替爷征。"可见木兰当初从军,是因为她不忍心让年事已高的父亲披上盔甲上战场。她的这一举动实属无奈,同时也是为家庭作出的牺牲,对国家的忠诚。动画片中的木兰却说:"或许我并不是为了父亲来的,或许我只是想证明我能行。所以我拿起镜子的时候,我看到的是一个有用的人,一个值得尊敬的人。"从木兰的回答我们可以看出,木兰替父从军只是表象,根本目的是想在相亲屡遭挫折后努力证明自己是一个有用的人。木兰"忠孝两全"的形象被追求自我、实现价值的美国梦精神取代。

同时,动画片《花木兰》也对女性给予了极大的歌颂。自古以来,等级观念在中国就是根深蒂固的。封建社会强调"三纲五常",男尊女卑,女人永远是男人的附属品,她们几乎没有任何社会地位可言,而且绝对不被允许参与到男人社会中去。但在影片《花木兰》中,木兰替父从军,勇敢地承担起了家庭的重任。她女扮男装,替父上前线,这体现了中国所弘扬的孝道,但从女性主义的角度分析也体现女性的解放与自由发展。花木兰自觉地拿起武器,保家卫国,奋勇杀敌,凭借女性的智慧与勇敢,终于"将军百战死,壮士十年归"。电影对故事大胆作了改编,一改传统中国"三从四德"对女性的束缚。在影片中,甚至出现"美女救英雄""木兰救中国"等颠覆性的情节。在传统文化中常常是"英雄救美",女性扮演的是弱者的角色,她们需要强者的保护。而在动画片中却是"女救男"的反传统模式,木兰两次救了长官李翔——她未来的丈夫,这正是女权主义的充分体现。

最后,谈谈爱情。这大概也是每部好莱坞动画片不可或缺的元素之一,"带回宝剑

有什么用,要是能带回来一个男人就更好了!"老奶奶的一番幽默可爱的话语,淋漓尽致地表现出了美国人大胆追求爱情的洒脱与率真。很明显,美国动画片里的木兰没有了中国式大家闺秀的含蓄,她深情地在军营里唱着属于自己的情歌,她不会像中国传统女性那样对感情含而不露,对爱情讳莫如深,终身大事全凭父母之命、媒妁之言。美式花木兰主动地对自己的首领表达感情,她在首领面前眨着她细长的眼睛,传递着她的爱慕之情。所以,当李翔和木兰终成眷属时,我们既惊喜又释然。这大概是这部动画的又一大创新了,花木兰不仅仅是个英勇的战士,更是一个收获了爱情的大赢家。

也许,美国动画片中的花木兰与中国传统文化里的花木兰有许多出入,她们传达的价值观也很不一样。但毫无疑问,其在全世界的营销是极为成功的,迪士尼动画将木兰带向了世界,让更多人了解了中国的传奇故事和传统文化。在现在这个自由、开放、平等的世界,好莱坞式的木兰更顺应时代潮流,也更容易被人们欣赏、接受。这部动画片是美国人重新解读花木兰之后进行的一次创新,是对传统花木兰形象的一次超越,亦是中西文化一次成功的融合。

BBC纪录片《我们的孩子足够坚强吗》之我见

浙江宁波效实中学　黄湜　辛佳怡

我们认为,片中所述未必真实客观。这样的一部纪录片,必定会产生一定的影响,这对中式教育不太公平。

外国人怎样看待中式教育?对中式教育,他们是这样评价的:

1. 外国老师、校长

(1)课堂:中式教育的课堂,老师秉着知识就在这摆着,记下然后应用的理念,所做的只是一条条讲解,再下发练习题、考试卷等。课堂不是学生的课堂,而是老师的课堂。不把课堂按照受众群体来设置,而一味单方面灌输,结果使学生对课堂失去兴趣,老师因学生伤透脑筋。老师讲解学生记录的枯燥中式教育与英方探究性学习的教学方式,是内容性教学和理解性教学的区别。

（2）早操：这不一定是最好的锻炼方式,但把大家聚在一起做一件意义非凡的事,我觉得十分有趣。

2. BBC（话外音）

教育制度：这是一个基于高压学习和残酷竞争的无情学习制度。中国式教育,以绝对的权威,绝对的纪律和惨无人道的竞争而闻名,这跟英式教育简直相差巨大。

3. 学生

（1）课堂：你每时每刻都受人摆布,这就是典型的中国课堂,你被告知这些事实是正确的,因为它们来自权威人士。中国的教育体系就好像是某种流水线作业,生产出很多非常聪明的学生,这些学生拥有一致的职业道德,我认为它们自有适应其生长的土壤,但是我并不确定英国是不是这样的土壤。

（2）体育课：上体育课的目的是锻炼身体,而非竞争。比起英式体育课,中式体育课简直是在玩命。若因为体育原因而无法上一所好的大学,对于学业成绩良好而在体育方面有缺陷的学生来说这太不公平。

（3）早操：这是一天中最美好的时刻了,希望把所有人都拉到操场上来做。

他们为何如此看待中式教育？主要原因如下：

1. 政治立场：英国政府是英国广播公司（BBC）最大的财政赞助方,其无法避免地会受到英国政府或多或少的影响,虽然 BBC 依靠着其专业的《工作行为准则》培养出了大批的媒体专业人才,并在英国国内外打造出了"客观、公正"的招牌,但其本质依然是由英国政府注资并受到英国政府监管的,主要服务于英国国内,其内容与立场在一定程度上是站在英国本国,甚至是英国政府一边。

这场看似是"中式教育"成功的背后,却流露出以 BBC 为代表的西方民众对中式教学的刻板印象,甚至是对中式教育的批评；以及 BBC 所代表的英国大众对自身英式教育的反思。

正所谓有冲突才有故事,才有收视率。因此在 BBC 制作的纪录片《中式学校》中,经常会看到中国老师与学生之间发生矛盾和冲突的画面,而不顾一切的"填鸭式"中式教学、强调集体观念、个人服从集体,以及不顾及学生个人想法等关于传统的"中式教学"的

刻板画面也在该纪录片中占了非常大的篇幅。站在从来没有切身体会过真实的中式教学的英国观众的角度而言，在看完该纪录片后，会很自然地产生对"中式教学"的刻板印象，会认为真实的"中式教学"就是如此。事实上，无论是现实的中式教学中，还是纪录片中的"中式教学"，也许并不如此。纪录片中的来自南京外国语学校的李爱云老师就曾在回国后的媒体采访中指出，BBC 的纪录片第一集中所展示的混乱情况，是 BBC 剪辑后的画面，是"从最初最乱状况里挑了最乱的"。

2. 教育制度的不同：英国的精英教育从孩子 6 岁起就为其规划了性格、社会和情感发展、沟通和语言、解决问题、推理和数学能力、认识和理解世界、体能发展、创造力发展，并透过对其的分解和执行，实现全方位、系统化的体验式教学。而英国的义务教育从 5 岁开始，所有的家长必须把自己的孩子送到学校读书。小学教育一般持续到 11 岁，然后进入中学。英国的中学不分初中、高中，从中一到中五共五年时间。而在中国，教育的结果可以因为天分而不一样，但是起点却是公平的。从主观上，不分阶层，不分身份，不分贵贱。实际上是为所有的孩子提供了类似英国精英才能享受到的高质量基础教育，中国学生的水平也许不如英国的私校学生，但是平均水平却远远高于英国，这就是中国高质量的公办教育与英国教育双轨制导致的结果。这就是西方大众求之不得的最大的公平。新中国的一位伟人曾说：六亿神州尽尧舜。如果非要给中式教育一个另类的标签，那就是"鞭策每一个人努力"。

值得一提的是，观看这部纪录片后，英国教育家 Oliver Kramer（于 1997 年—2008 年期间担任伊顿公学教务长）这样说："如果这 5 位老师来的是伊顿公学，那他们肯定都会很开心。因为这里的孩子能力都非常强，不会让中国老师失望。"英国中学分私立学校和公立学校。而英国的精英教育并非快乐教育、放羊式的教育，却是跟中国一样，奉行严格、刻苦的苦读教育。像伊顿公学一类私立学校，课堂纪律一样严格，从小就要经过各类筛选、竞争才能进入真正的精英教育课堂。西方双轨教育体制下，孩子想快乐就别想上好学校，就没有突破自己阶层的未来。从 6 岁开始人生就已经分流的体制下，社会阶层固化、个人上升通道狭窄，这是西方社会无法继续保持领先的根源之一。如果 BBC 这部纪录片最终向英国人传递的是"中式教育"不适合英国的信息，那么只能说 BBC 还在帮助特定阶层愚弄英国人民，让他们安于英国教育体制现状，而不是向中式教育学习，去认真负责地对待每一个英国孩子。

3. 福利保障：英国学生享受全免费的国家福利，学校甚至还提供免费的午餐，英国大学阶段以前的教育均免费，大学阶段也有90％的大学生可获得政府津贴。所以，对低收入家庭来说，从幼儿园到大学教育是一路免费的。我国现代社会保障制度存在着城市和农村不同步的现象。目前，在城市社会保障制度已经比较完备的情况下，真正意义上的社会保障制度在农村地区仍是一片空白，占人口绝大多数的农民仍处于社会保障的边缘，不能得到社会的帮助。中国学生认可"知识改变命运"，尚未固化的阶层令所有孩子在社会和家长的鞭策下挤上了读书获得成功的独木桥。

4. 文化背景：中国为本的东方传统儒家教育与英国等欧洲国家为主的宗教体系教育，在文化传统、价值认同、人格塑形、教学模式等方面有根本区别。比如中国传统的科举制形成了学而优则仕的政治体系，与欧洲以教会、贵族阶层为主的精英政治体系，也是两者区别的重要方面之一。

5. 外国人不了解中国的国情：教育归根到底是一个体制化的过程，当然与国情密切相关。外国教育也分很多种，可以说，有多少国情就有多少种教育。

西方发达国家的教育模式很值得提倡，他们注重开发学生的想象力和激发他们的动手能力，并且十分重视道德品质的培养和公民意识的培养。

总之，西方人眼中的中式教育，不乏偏颇之处，但也不失为一种有助于反思自我的警示。

自我评估

任务群综合测试

（满分200分）

一、何处藏踪迹，浮萍一道开：中西文化知多少（共80分）

1. 阅读下列诗歌，完成题目。（共21分）

美美与共
跨文化专题研讨

① 主钉十架舍生命,救世使命已完成,
今居至高荣美城,哈利路亚,奇妙救主!
荣耀君主再来时,迎接圣徒上天衢,
齐颂主名唱新诗,哈利路亚,奇妙救主!

② 整间屋子里没有一人在吵,
就连老鼠也不闹;
长袜已被小心地挂在壁炉旁,
我希望圣尼古拉很快就来到……

③ 星光照着林子,她们跳着华尔兹。
稻草人鬼里鬼气狂弹着吉他伴奏,
骷髅跳着桑巴,小步舞属于鬼怪,
还有南瓜的波尔卡和妖怪的加伏特。

④ 冬天风暴降临前,收成安全入了仓;
上帝,我们的造物主,供给我们所需的食粮;
来吧,来到上帝的圣所,为家乡的丰收歌唱。

⑤ 那伙曾狂妄地诅咒战乱的洗劫,
将使我们国破家亡的人,
都到哪里去了?
他们的血已洗去他们肮脏的脚印,
奴才和走狗将无处藏身。

(1)连线题：上面是5首与不同节日相关的诗歌，请将它们与其对应的节日图片连线。(10分)

(2)请按公历时间顺序将这5个节日排序。(5分)

自1月1日起，依次为_____(填序号)。

(3)从这5个节日中挑选3个，分别写出一件与该节日有关的物品(上题图片中出现的元素除外)。(6分)

2.《祝福》里在祥林嫂面前"说不清"的"我"，《品质》中见证了一个匠人的悲剧的"我"，《氓》里面被抛弃的、哀伤怨怼的女性"我"，都未必是作者本人。但由于译者的认识，下列哪一部翻译作品，将一个叙事人"我"有意改译成了作者本人？(　　)(4分)

A.《吟边燕语》　　　　　　B.《赵氏孤儿》

C.《茶花女》　　　　　　　D.《巴黎茶花女遗事》

3.《赵氏孤儿大报仇》的英译选段中，译者因为翻译可行性较低、文学类型不同等种种考虑，略去了原作的哪些成分？(　　)(多选)(4分)

A. 诗云　　B. 词云　　C. 曲牌　　D. 科介

4.朱丽叶和杜丽娘年龄相仿，都在心中产生了炽烈的爱情。朱丽叶爱上了_____，而杜丽娘的恋爱对象却是_____。人们称朱丽叶的爱情"生而赴死"的爱，是针对"_____"的情节；称杜丽娘的爱情是"死而复生"的爱，则是针对"_____"的情节。(4分)

5.中国历史上第一位由于自杀而对中国文化产生深远影响的诗人是_____，他之后，"中国诗人重新找到了安身立命的精神故土"，这里的"精神故土"指的是_____。这一思想和中国另一传统思想_____构成了中国知识分子_____的精神结构。鲁迅的小说《出关》出自作品集_____；《罪与罚》是俄罗斯作家_____的作品。(6分)

6.阅读下列王振孙译《茶花女》(材料甲)及相应林纾译《巴黎茶花女遗事》(材料乙)片段后回答问题。(共10分)

材料甲："那么先生，就像吻你女儿那样地吻我吧，我向您发誓。这个我所得到的唯一真正纯洁的吻会给我战胜爱情的力量，一星期以内，你儿子就会回到你身边，他可能会

难受一个时期,但他从此就得救了。"

材料乙:"然则请翁亲吾额,当为翁更生一女。吾受翁此亲额之礼,可以鼓舞其为善之心,即以贞洁自炫于人,更立誓不累公子也。八日之后,公子可以随翁归矣。然初时必且怏怏,迟之又久,则妄念渐杀矣。"

(1) 综合材料甲与材料乙,说明林译本采用了哪些具有强烈的本国文化意味的字词?(4分)

(2) 其中有没有一些字词可能受到某类文化观念的影响?请结合文本陈述。(6分)

7. 阅读陶渊明诗歌两首,完成问题。(共31分)

《归园田居·五首之一》

少无适俗韵,性本爱丘山。误落尘网中,一去三十年。

羁鸟恋旧林,池鱼思故渊。开荒南野际,守拙归园田。

方宅十余亩,草屋八九间。榆柳荫后檐,桃李罗堂前。

暧暧远人村,依依墟里烟。狗吠深巷中,鸡鸣桑树颠。

户庭无尘杂,虚室有余闲。久在樊笼里,复得返自然。

《杂诗·八首之五》

忆我少壮时,无乐自欣豫。猛志逸四海,骞翮思远翥。

荏苒岁月颓,此心稍已去。值欢无复娱,每每多忧虑。

气力渐衰损,转觉日不如。壑舟无须臾,引我不得住。

前涂当几许,未知止泊处。古人惜寸阴,念此使人惧。

(1) 这两首诗歌分别反映出陶渊明年少时怎样的志向?两相矛盾的志向所分别对应的中国传统思想是什么?(8分)

(2)《晋书·陶潜传》:"(潜)素简贵,不私事上官。郡遣督邮至县,吏白应束带见之,潜叹曰:'吾不能为五斗米折腰,拳拳事乡里小人邪!'义熙二年,解印去县,乃赋《归去来兮辞》。"结合《晋书·陶潜传》中的这段记载来谈谈造成上述第(1)题的这种矛盾的原因是什么。(8分)

(3) 在西方,被誉为"诗人的诗人"荷尔德林曾这样热切地歌颂诗人的职责:"纷繁的世事都能成为你的素材,请面对欢乐!又有什么能伤你的心!你所到之处会遇到什么意外?"而他自己却遭受了长达36年精神失常的折磨。他绝望地呼告:"难道我所求太多,以至无法生存?"在"大地之上"他找不到任何的救赎,故而最后只能寄托于神:"神本是人之尺规。……大地之上可有尺规? 绝无!"陶渊明在"大地之上"寻找到的救赎是什么?请你假托陶渊明,以自己的人生经历向荷尔德林写一段劝慰的话。(15分)

二、试把桃源,较量风景是谁好:中西文化比一比(共70分)

1. 下面是一组抒写爱情的文句(涉及的人物姓名已隐去)。请你运用《永恒的爱情》这一专题学到的知识,根据它们表达上的差异,分别将它们归入两本不同的摘录本中(仅填序号)。(12分)

  A. "你可以疑心星星是火把,

   你可以疑心太阳会移转;

   你可以疑心真理是谎话,

   可是我的爱永没有改变。

   亲爱的××啊!我的诗写得太坏。我不会用诗句来抒写我的愁怀;可是相信我,最好的人儿啊!我最爱的是你。"

  B. 在外貌上像她那样天赋丽质的女子,都不大会在这个奇异的时刻里走进露天里来,走进他的视线的范围以内……当所有的景物都沐浴在明暗相宜的色调中的时候,他的同伴的脸就成了他眼睛注意的中心,那张脸从层层雾霭中显露出来,脸上似乎染上了一层磷光。她看上去像一个幽灵,仿佛只是一个自由的灵魂。

  C. 等你,在雨中,在造虹的雨中

   蝉声沉落,蛙声升起

   一池的红莲如红焰,在雨中

   你来不来都一样,竟感觉

   每朵莲都像你

   尤其隔着黄昏,隔着这样的细雨

  D. 美啊,我的恋人,

   当你偶然看见

   她那美丽的金发在微风中波动;

美啊，

当她那红润的脸颊似玫瑰吐艳，

当她的眼中闪烁着爱的火种。

E. 为了只想同你说话，我便钻进被盖中去，闭着眼睛。你瞧，这小船多好！你听，水声多幽雅！你听，船那么轧轧响着，它在说话！它说："两个人尽管说笑，不必担心那掌舵人。他的职务在看水，他忙着"。船真轧轧的响着。可是我如今同谁说去？我不高兴！

F. 啊，我的爱人像朵红红的玫瑰，

在六月里迎风初开；

啊，我的爱人像支甜甜的乐曲，

美妙地奏起来。

西方文学摘录对象：　　　　　中国文学摘录对象：

▲_____　　　▲_____

2. 一个德国人画了一组图，用来表达对中西文化差异的理解。在这些图中，左边部分代表西方人，右边部分代表中国人。这些对比很有意思，比如：

➢ 生活方式

➢ 表达愤怒的方式

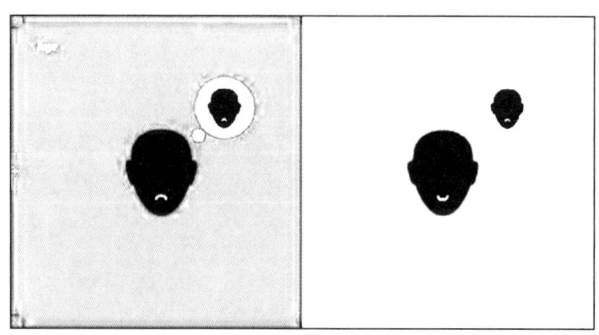

我 学 我 秀

　　(1)如上面的图画示例,每一幅都设置了对比的主题。下面两幅图画缺少主题设置,你能帮它们加上吗?(每小题6分,共12分)

　　　　　　主题:_____

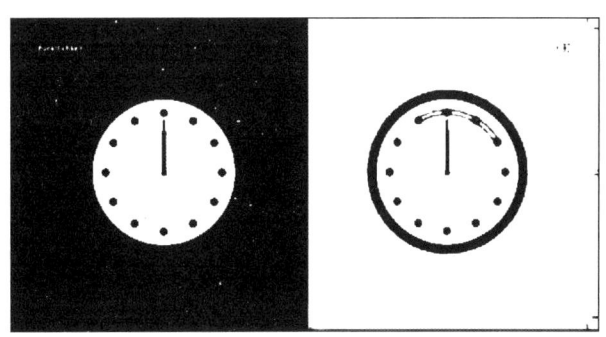

　　　　　　主题:_____

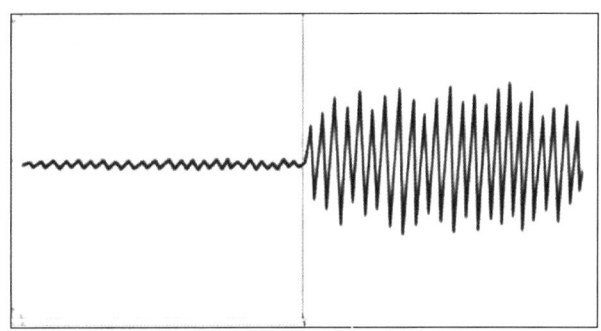

　　(2)针对这些图片,热心网友进行了点评。你能参考示例,对练习中的图片反映出的中西差异发表自己的看法吗?(10分)

　　【示例】生活方式

　　点评:传统意义上的中国人,的确非常喜欢热闹。我们是群居动物,喜欢家人朋友

155

一起聚会、一起吃饭、一起游玩。在这样的群居生活中,我们收获了亲情友情,感受到温馨和暖意。但有时,这样的生活方式也会触及个人空间,比如:每到年关,七大姑八大姨"催婚""催生"现象频现,个人的自由空间受到很大影响。相对来说,外国人独处的时间比较多,对个人隐私也保护得比较好,但也有人认为他们人情比较淡薄。虽说中外传统不同,但如果中外生活方式能够相互借鉴,也许大家的生活方式会更完美。

➢ 自我

点评:_____

_____

_____

_____

(图片来源:新华网"发展论坛"2012年10月15日)

3. 下列是有关日本端午节习俗的材料,阅读后回答问题。(共16分)

日本的端午节也称男孩节。"菖蒲"在日本里的发音与"尚武"谐音,而且菖蒲叶子的形状很像剑一类的武器,在古代使用武力是男孩子之事,尚武的气氛促使端午节不断演变成以男孩为中心的节日。1948年,5月5日被日本政府正式法定为儿童节,时至今日,每年的这一天日本的民众第一想到是过儿童节而不是端午节。

从江户时代开始在日本端午节当天,有男孩子的家庭,家长会在院子里或者屋顶立上一根高高的竿,在竿子上面系上鲤鱼旗,是希望孩子像鲤鱼那样不惧艰难奋勇直前,从下面看鲤鱼旗,浮现在蓝天下的鲤鱼很像在水中健壮地游。武士人偶的原型,实际上就是古代著名的武士,这些人偶会根据历史上的战斗服做衣服,而且配有武器,人物的造型是小孩子的模样。端午节摆放武士人偶最开始是在德川幕府时代受武士阶层的推崇开始,每到端午节都会在家里搭上台座,摆放古代武将人偶。这两种习俗都是希望男孩子健康勇敢、越来越有出息。

端午节吃粽子是日本关西地区人的习俗。但日本的粽子跟中国的粽子所用材料是不一样的,日本的粽子是用米粉制作而成的。关东地区的人则在端午节吃柏饼,柏饼是一种粳米磨成粉用柏树叶制作而成的食品。柏树对于日本人来说是非常神圣的树,这种树新的叶子长出来之后老的叶子才会落下,日本认为有家族兴旺子孙昌盛的寓意,所以在端午节吃柏饼有祈祷儿童健康快乐之意。

(选自康书静《中日传统节日对比及教学研究——以春节和端午节为例》)

(1)日本端午节的习俗中,有哪些是受中国端午习俗的影响?请你结合中国端午节的习俗和内涵说一说。(6分)

(2)从材料中的习俗来看,日本端午节的文化含义与中国相同吗?为什么?(10分)

4. 阅读下面的文章,回答文后的问题。(20分)

外国人眼中的"中国符号"

王立莉

悉尼一家书店里,在一摞摞外文书刊中,一本红色烫金字的《孙子兵法》非常吸引眼球,书名被译为《作战的艺术》。奇妙的是,《孙子兵法》作为书店的热销品,竟然摆放在一堆商业书籍之中,左邻右舍都是商业奇才的著作。这让我亲眼见证了《孙子兵法》在知识经济时代被"知本家"们热捧的现象。参与现代经济竞争,同样需要"知己知彼""以迂为直""趋利避害""守则不足,攻则有余"……字字千钧。

同样在悉尼,我走进一家旅行社,看到各国的宣传画册。在巴厘岛的梯田、泰国的普吉岛海滩、美国的自由女神像之间,我看到了《CHINA》,画面是西安的兵马俑。这是一眼就能认出的中国符号。

在与外国友人沟通的过程中,我发现,外国人眼中的中国符号,或者说他们对中国的印象,可谓千奇百怪。这其中有对神秘的东方韵味的理解,也不乏对中国的误读和曲解,毕竟他们阅读到的关于中国的新闻报道并不全是公正和客观的,但他们眼中的中国也的确值得我们思考,有反思,才会有进步。

美美与共
跨文化专题研讨

在突尼斯，接待我们的旅行社导游威斯娜告诉我，在她眼中，中国符号是神奇的烫伤膏。她去中国旅行时，有团友被烫伤，导游拿来了中国的烫伤膏，涂上后很快愈合——她眼睛瞪得大大的向我描述那膏药的神奇功效。她专门在中国购买了一支，不过一直没有机会向众人展示它的神效。在突尼斯集市练摊的小商人，见到我们会先说日语，我们摇摇头说："不，我们来自中国。"然后，那小伙子摆出了李小龙的招牌造型，口中配合着发出恶狠狠的声音。在他眼中，中国符号就是中国功夫。

爱尔兰，比尔城堡的第12代伯爵告诉我们，中国就是拥有神奇植物的国度。他和妻子曾三次前往中国云南，带回各种奇花异草，种植在他们的城堡之中。如今，他们的城堡花园中有一大片区域专门叫做"云南省"。在爱尔兰接待我们的当地旅游局代表，看着我们一个团八九个人，竟然有五六个女孩，他吞吞吐吐、话里话外的意思是，他听说中国重男轻女，不知道我们几个姑娘何以茁壮成长。

在悉尼，机场免税店的工作人员说，只要抵达一架中国飞来澳大利亚的飞机，Jurlique（澳大利亚本土精油品牌，其玫瑰花水在中国很受欢迎）货架就会被一抢而空，"中国"意味着强劲的购买力。

还有一个在匈牙利遇到的朋友，他说他去过中国，第一站是沈阳，他的印象就是"城市太脏了！出租车开得太快了！"他说两个"SO"的时候，眼睛瞪圆了两次，生怕我不理解他形容的程度。不过，那大概是10年前了，那时候的沈阳被列入世界十大污染城市黑名单。我跟他说，有机会重访沈阳，感觉会大不一样。

在马尔代夫教我潜水的黑皮肤小伙，每天在酒店内看到的人不超过100个。中国对他来说是个非常遥远而且人口众多的地方。令人叫绝的是，他酷爱乒乓球，我们中方代表，几个人都没有把他打下阵来。

在不丹，问"关于中国，你知道什么"，38岁的律师达瓦回答："中国是世界上人口最多的国家，中国的经济发展很快，是世界大国。"9年级学生拉久兴奋地说："中国的功夫片很好看，成龙、李连杰太厉害了。"29岁的导游布拉普脱口而出："姚明！"67岁的老太太司苓微笑着说："拉萨。"

此外，北京奥运、长城、小桥流水、便宜货、Made in China的服装、出口劳工、毛主席，甚至周杰伦、中国豆腐、无处不在的唐人街、以宫保鸡丁为代表的中餐……都在外国人眼

我 学 我 秀

中勾勒着中国的意象符号。

(来源:《芝麻开门:益智阅读》2010-1)

(1) 文中提到了哪些"中国符号"?请至少写出其中的五种。(10分)

(2) 外国人眼中的"中国符号"和你眼中的"中国符号"相同吗?为什么?(10分)

三、万化参差谁信道,群芳同列:中西文化来融会(共50分)

1. 剧本改写题。(20分)

梁山伯与祝英台这对生活在古代的情侣的爱情故事,在中国可谓家喻户晓,并被改编成多种形式的舞台艺术作品,常演不衰。以下是越剧《梁山伯与祝英台·托媒》中的片段。如果剧中人生活在文艺复兴时期的欧洲,这段"托媒"的情节又会如何展开呢?请结合社会背景,充分考虑中西方戏剧特点的差异,将它改写成一个500字左右的话剧片段,要求人物生动,情节合理,不得作不合原剧情节主线的解构,书写格式符合话剧剧本要求。

银　　心　(手持信,轻唤祝英台)(白)小姐,员外又有信来了。

祝英台　(白)真的?待我看来。(看信皱眉)

银　　心　(白)是不是又来催我们回去?

祝英台　(点头)

　　　　　(唱)离家读书已三载,老父是封封家书催我归。

　　　　　　　我与他同窗三载非寻常,情重如山深如海。

　　　　　　　老父有病盼儿归,我难舍知己梁山伯。

银　　心　(唱)读书三载长相伴,小姐心事我明白。

　　　　　　　梁相公家世虽贫寒,但他有德又有才,

　　　　　　　倒不如月老跟前订白头,拜托师母做大媒。

(银心下,去请师母)

祝英台　(祝英台徘徊、暗忖)(唱)叫我如何自托媒……(银心引师母出)

银　　心　(白)相公,师母来了。

师　　母　(白)英台,听银心来说,你家又有书信来催你归去了?

祝英台　(白)刚才家父来信,说有病要催我归去。

师　　母　(白)父病理应回去,几时动身?

美美与共
跨文化专题研讨

祝英台　（白）我想禀明先生,明日一早登程。

师　母　（白）如此甚好,一路小心。银心,你小心侍候了。

银　心　（白）是。(知趣地)相公,我整行装去。(下)

祝英台　（白）(欲言又止)师母……

师　母　（白）英台你还有何言相告?

祝英台　（白）还有……没有什么。(稍停)师母。

师　母　（白）英台,有话坐下来讲。

祝英台　（白）师母。

　　　　（唱）老师教诲恩如海,又承师母好看待。

师　母　（白）不用客气。

祝英台　（白）师母。(稍停)

　　　　（唱）我在草桥结拜梁山伯,同窗共读三长载。

师　母　（白）这个我早已知晓。

祝英台　（白）师母啊!

　　　　（唱）三长载,三长载,我有满腹心事口难开。

师　母　（白）英台有话,但讲无妨。

祝英台　（唱）师母啊,英台原是乔装改,

师　母　（不动声色,微笑）（唱）师母心里早明白。

祝英台　（白）师母早明白了?（唱）袖内取出玉扇坠,交与师母……

师　母　（唱）……为何来?

祝英台　（白）师母啊!

　　　　（唱）雪白蝴蝶玉扇坠,烦交义兄梁山伯。

　　　　　　倘得师母来玉成,大恩永记在心怀。

师　母　（唱）英台果是多情女,山伯有德也有才。

　　　　　　师母愿意做大媒,梁山伯配祝英台。

【注】

前情提要：浙江上虞县祝家庄,祝员外之女祝英台美丽聪颖。她说服祝员外让她女扮男装往杭州访师求学。途中邂逅同样赴杭求学的会稽书生梁山伯,一见如故,义结金兰。二人在万松书院同窗三载,结下深厚情谊。英台深爱山伯,但山伯却始终不知她是女子。祝父思女,催归甚急,英台只得仓促回乡。临行前,拜托师母为她做媒,以与梁山伯结为夫妻。

2. 写作题(30分)

印度著名政治家、民族解放运动领导人圣雄甘地曾经说过:"我不愿墙壁挡住四路,我不愿杂物堵住窗户。我愿那微风送来世界各地的文化,但我不愿被风带走。"

甘地的话引发了你哪些思考?请写一篇不少于700字的文章,可以讲述你自己或身边的故事,抒发你的真情实感,也可以阐明你的思想观点。

【注意】① 立意自定,角度自选。② 题目自拟。③ 除诗歌外,文体不限。

新课标 新语 新学习

知识附录

生活的全部意义在于无穷地探索尚未知道的东西,在于不断地增加更多的知识。

——左拉

你读到这一部分时,即将与这本书分别,请收藏好我们给你的最后情谊。"参考答案"是对"我思我在""实践笃行"和"自我评估"中思考题的回答,更多的是提供思考的方向;此外,"其他附录"中收录了与这个学习任务有关的一些资料和推荐书目。

学习之旅有涯,而学习无涯,我们的目光在旅程结束之时变得更加情意绵长,因为我们知道,你的道路才刚刚开始。孩子,祝福你!愿你在语文中获得幸福,在生活中得到力量!

参考答案

专题 1

含英咀华

无从逃避的离别

写 真

1. 朱丽叶的独白：她嫌白天"长得叫人厌烦"，期盼太阳快点下山，黑夜早些到来；她期待即使罗密欧死去，也会化身成繁星装点天空。当目睹提帕尔特死去的奶娘因为恐惧伤心而不能快快说出罗密欧的消息时，朱丽叶非常紧张和焦急；当误认为罗密欧死去，她想"去和罗密欧同眠在一个圹穴"。当得知罗密欧杀了她表兄时，她旋即原谅了罗密欧，并认为若罗密欧不把帕提尔特杀死，那么就会被杀。她不能承受罗密欧被放逐，而自己要与他分开的事实。等等。

杜丽娘为不能在现实中与梦中情人相知相恋而抑郁成疾，日渐消瘦，"十分容貌怕不上九分瞧"。她的深情像一把火一样闷烧在心里，眼之所见无不清冷伤感：小径曲长，闺房深冷，春归寒峭，都是她内心因爱情无望而产生的悲愁的外化。她在自画像中画了手捻青梅的形象，正是借用"青梅"的典故，表达对梦中情郎的怀恋之情。自画像上的题诗也表达了要与爱人厮守的心愿。她又因画了自画像却无心上人可寄而万分伤感，又伤感于没有情郎能像赵颜呼唤真真那样把自己从画中唤出来。

2. 从整体风格上说，朱丽叶情感表达直白奔放。杜丽娘情感表达含蓄内敛。

3. 具体手法上，朱丽叶的情感抒发主要是直抒胸臆。在独白中，她把夜作为倾诉的对象，用反复、呼号的手法，热烈地呼唤罗密欧。误认为罗密欧死去时，她呼喊"我的心要碎了！"，并把自己的心比作"可怜的破产者"，让它赶快碎裂。当她得知罗密欧被放逐，她悲痛地直陈，"'放逐'两个字等于杀死了一万个提伯尔特"；"等于说，父亲、母亲、提伯尔特、罗密欧、朱丽叶，一起被杀、一起死了"；"这一句话里面包含着无穷无际、无极无限的死亡，没有字句能够形容出这里面蕴蓄着的悲伤"。

杜丽娘的情感抒发却较多地采用了间接抒情。她描述环境的凄冷,如"径曲梦回人杳,闺深珮冷魂销";她想要"划尽助愁芳草";她通过画手捻青梅的形象,来表达对梦中情人的思恋怀念;她用含蓄的题诗,表达对爱情圆满的渴望;她又用了巫山神女和真真等人物的典故,来表达对爱情的强烈渴望;当春香说起"只少个姐夫在身傍"时,她虽忍不住说"花园游玩之时,咱也有个人儿",但当被春香追问,她却只以"梦哩"对之,而不直说相思;等等。

4. 此为开放题,学生可根据相关资料得出自己的结论。以下简单列举的内容可作参考:

角度	西方	中国
哲学思想	"两希"文化传统、人文主义哲学思潮	儒家思想、"天人合一"思想
社会背景	莎士比亚所处之英国:欧洲文艺复兴运动,个性的解放运动	汤显祖所处之明代:宋明理学盛行,封建礼教的束缚
戏剧观念	西方戏剧:戏剧是模仿;写实、拟真,再现性,追求对生活本来面貌的模仿;块状结构,追求冲突与分裂,矛盾冲突集中、激烈	中国戏剧:戏剧是提炼与概括;写意、传神,表现性,追求对主观感情的抒发;线状结构,追求诗情画意,矛盾冲突不重要甚至不需要
审美传统	柏拉图、亚里士多德提出的"灵感说"、"宣泄说"促使西方文学艺术形成直抒美的传统	儒家强调伦理情感要讲究和谐的美学思想,"中和之美"的审美传统,"文贵含蓄"的传统审美观,朦胧含蓄的美学传统

实践笃行

如花美眷

1. 小说是叙事文学,因此在描写人物外貌时,中西方作家都有写实的一面。比如都有对服饰、容颜较为具体的描述:大仲马在《茶花女》中写玛格丽特"娇媚地戴着一顶睡帽,帽上缀着一束黄色的缎带,内行人把这种装饰叫做甘兰式缎结",司汤达写于连"脸色极苍白,刚刚哭过。他身着雪白的衬衫,臂下挟着一件很干净的紫色平纹格子花呢上衣";而曹雪芹写宝玉"面如敷粉,唇若施脂",写他的发型、服装、配饰等也很细致。

但即便是细致的外貌描写,中西方作家的描写习惯也很不一样。在大仲马和司汤达的笔下,主人公的外貌描写就像是油画或照片一样,更多的是对现实中人物外貌的拟真与模仿。而在曹雪芹笔下,尽管也描摹五官,但用来形容外貌的都是较为抽象的东西。比如,写宝玉眉梢"天然一段风骚",眼角则堆满"万种情思";写黛玉的眉毛"似蹙非蹙",眼神"似喜非喜",两靥有"愁",一身病态。"风骚""情思""愁喜"这些概念,与"苍白的脸色"等相比,显然是更为抽象与缥缈的。曹雪芹还写林黛玉闲静时和行动处的情态,说她"心较比干多一窍,病如西子胜三分",更是一种精神气质的描摹,比起西方实实在在的容貌描写,更具写意、传神的味道。

另外,从对于人物容貌美的评价上来看,西方的更为直白,往往直陈"漂亮""非常动人""为之倾倒""不寻常的美"等;而中国作家却较少这样,而往往通过带有欣赏之意味的语句来自然流露心中的赞美。

2.拜伦采用写实的手法,非常细致地描摹自己所恋对象的音容笑貌。写雅典的少女那"无拘无束的鬈发""墨玉镶边的眼睛""直吻着你颊上的嫣红"的睫毛,"野鹿似的眼睛","久欲一尝的红唇","轻盈紧束的腰身"。这正与西方戏剧写实、拟真,模仿、再现生活的戏剧观与创作方法相通。

崔护笔下的少女,面目却比较模糊。诗人不对所恋女子仔细加以描绘,只是以"人面桃花相映红"一句,把"人面"与"桃花"竟能互相辉映,人似花,花似人,一样艳丽,足见姑娘光彩照人。一个"红"字,不仅写出了花和人的娇美的颜色,而且传神地描摹出姑娘见到陌生男子时的娇羞情态,为初次相遇的青年男女藏在心中的恋爱和激情作了很好的渲染。这种写法,正与中国戏剧中写意、传神,提炼、概括、表现生活的戏剧观与创作方法相通。

一往而深

1.前者的主流是直白、奔放的,后者的主流则是含蓄、内敛的。

2.普希金的《我曾经爱过你》正符合西方爱情诗在表达的具体内容上多以追慕爱人、赞美爱情为主要内容,侧重于心理描写的特点,充分地描写自己爱而不得的心理感受,抒情手法上直抒胸臆,感情表达得非常真率、热烈。比如,直陈"我曾经爱过你",言明爱情并没有完全消亡;描写自己爱对方时"毫无指望""羞怯""嫉妒""真诚""温柔"的内心世界。柳永的《凤栖梧》则符合中国古典诗词在内容上着重表达与恋人的相思恨别、悲欢离合,着意于环境描写的特点,主要运用间接抒情的手法。上片以登高望远看到的景物(细细的春风,夕阳残照下的草色烟光)来借景抒情,表达他思念爱人的惆怅伤感之情;下阕即事抒情,用"对酒当歌",却"强乐还无味",以及"衣带渐宽",表达难以消解的怀人之愁。

余下根据同学们讨论情况作提炼总结。

3.略。

专题 2

含英咀华

卜 居

1. 是指屈原第二次被流放的经历。屈原致力于在楚国实现其"美政"的理想,但遭佞臣嫉妒。又由于主张联齐抗秦与怀王政见不合,故被罢职流放。再次被启用后,怀王又不听屈原之见,执意应秦国之邀赴秦与秦王会晤,却遭幽囚,最终客死异乡。新任楚王又听信群臣之谗,再次流放屈原。怀王之死,楚国积弱,再次流放等经历都给屈原以极沉重的打击,最后自沉汨罗江而死。《卜居》《渔父》据说是他死前最后的作品。

2. "宁……将……"翻译成现代汉语是"宁愿……还是……",是表示选择关系的关联词,此处连用八个"宁……将……"似乎表现出一个犹豫不决的屈原。但如果进一步看"宁"与"将"两部分的展开内容,我们就发现此处是无疑而问。在排比中,屈原有意识地以呢訾栗斯、喔咿儒儿的鄙俗猥琐和超然高举、正言不讳的正面形象形成鲜明对比,又在比喻中选择骏马驽马、黄鹄野凫正反鲜明的喻体。此处词语与意象的选择本身就表示了他的判断:"宁"之后皆为屈原所从,"将"之后皆为屈原所去,向我们表现了对于自身高洁品行的坚守,和绝不与世俗同流合污的决心。在这里,虽然文本中的情节是屈原因为心中疑惑请教太卜,其实他心中早已有了答案,八组气势澎拜的排比,是他一次比一次更加坚定自我的过程。排比,"宁……将……"的句式,句式中的对比和比喻,都呈现出他当时激烈的情感。

3. 屈原的《卜居》呈现为"无疑而问"的矛盾文本。此处的"疑"其实是屈原无疑而问,自问自答,完整而真实地展现了他孤身一人坚守理想而奋争于浑浊现实的绝望处境。在他自杀前,这种注定没有出路的精神困苦爆发到了最高潮:他对于世间的全部热情和理想成为压在他精神上的大石,最终导致他自沉汨罗的宿命。文中八句气贯如虹的赋文将积郁在诗人心头的情感汹涌的宣泄出来;在问中,有质疑有愤怒有绝望有恐怖;而在他的答案里,我们唯有看到坚守。最后郑詹尹的回答又把问题抛还给了屈原,屈原的困境是无可解答的:不仅以屈原的个体认知无法解决他当时所处的精神困境,就连太卜为他

知 识 附 录

沟通上天,也找不到出路和救赎——这意味着,放眼整个时代,他找不到一种能够帮助他走出困境的思想资源。带给他美政理想、忠君爱国的儒家精神在这里失效了。

热 爱 生 命

1.

	濒　死	求　生
人	"他的动作很慢。他好像半身不遂地哆嗦着。等到他预备去收集干苔的时候,他才发现自己已经站不起来了。他试了又试,后来只好死了这条心,他用手和膝盖支着爬来爬去。" "他瞧见了自己反映在水里的脸。脸色之可怕,竟然使他一时恢复了知觉,感到震惊了。" "疲倦像涨潮一样,从他身体的各处涌上来,但是他刚强地打起精神,绝不让这种令人窒息的疲倦把他淹没。这种要命的疲倦,很像一片大海,一涨再涨,一点一点地淹没他的意识。"	"幸亏天气仍然继续放晴,他于是继续爬行,继续晕倒,辗转不停地爬;……他的膝盖已经和他的脚一样鲜血淋漓,尽管他撕下了身上的衬衫来垫膝盖,他背后的苔藓和岩石上仍然留下了一路血渍。" "可是这个人也等了很久,那只给咬破了的手也抓住了狼的牙床。于是,慢慢地,就在狼无力地挣扎着,他的手无力地掐着的时候,他的另一只手已经慢慢摸过来,一下把狼抓住。五分钟之后,这个人已经把全身的重量都压在狼的身上。他的手的力量虽然还不足以把狼掐死,可是他的脸已经紧紧地压住了狼的咽喉,嘴已经满是狼毛。半小时后,这个人感到一小股暖和的液体慢慢流进他的喉咙。这东西并不好吃,就像硬灌到他胃里的铅液,而且是纯粹凭着意志硬灌下去的。" "它已经瞎了,失去了知觉。它就像一条大虫子在地上蠕动着前进。它用的力气大半都不起作用,但是它老不停,它一面摇晃,一面向前扭动……"
狼	"它的眼睛昏暗无光,布满血丝;脑袋好像无力地、苦恼地耷拉着。这个畜生不断地在太阳光里霎眼。它好像有病。正当他瞧着它的时候,它又发出了吸鼻子和咳嗽的声音。" "它的舌头并不是通常那种健康的红色,而是一种暗黄色,好像蒙着一层粗糙的、半干的黏膜。" "那只狼一跛一跛地跳回去,它因为身体虚弱,一失足摔了一跤。样子可笑极了……"	"早晨的寒风吹得它直哆嗦,每逢这个人对它勉强发出一种低声咕噜似的吆喝,它就无精打采地龇着牙。" "它愈来愈近,总是在向他逼近,好像经过了无穷的时间,但是他始终不动。它已经到了他耳边。那条粗糙的干舌头正像砂纸一样地磨擦着他的两腮。" "狼牙轻轻地扣在他手上了;扣紧了;狼正在尽最后一点力量把牙齿咬进它等了很久的东西里面。"

2. 略

提示:歌颂了面对苦难永不言败的抗争精神。

实践笃行

第一步:自选。《列奥尼达在温泉关》《镜中的维纳斯》《穿毛衣的自画像》、凡尔赛

宫喷泉是审美的作品;《格尔尼卡》《欧米埃尔》《尖叫》《喷泉》是审丑的作品。

第二步：略。

第三步：每组所提供的答案仅作参考：

组 一	美	丑
关键词1	国王	大众
关键词2	颂扬	批判
关键词3	解放	压迫
关键词4	人	非人
关键词5	形象	抽象

组 二	美	丑
关键词1	女神	妓女
关键词2	愉悦	痛苦
关键词3	享乐	苦难
关键词4	肉体	精神
关键词5	崇高	鄙俗

组 三	美	丑
关键词1	理性	情感
关键词2	光荣	屈辱
关键词3	克制	宣泄
关键词4	古典	现代
关键词5	模仿	变形

组 四	美	丑
关键词1	真实	虚构
关键词2	高雅	鄙俗
关键词3	艺术	日常
关键词4	再现	表现
关键词5	精神	物质

知识附录

第四步：略

以下答案仅提供理解审丑的不同角度，你的回答应对以下的任一一点适当的展开：

1. 对消极情绪的排遣与宣泄

2. 理性的批判精神

3. 传递现代精神，定义现代性的内涵

4. 对于人性、真实、艺术、传统、历史等的反思

5. 解构精英文化，对隐含在传统艺术品中的权利结构的祛魅

6. 直面大众审美

7. 直面审美艺术的生活性，发掘日常生活的艺术性

8. 打破因袭与守旧，带来改革与创新

9. 召唤美的回归

……

第五步：你可以按照以下评价标准来自评或互评：

A 对所选作品的理解5分	1—2	对所选作品的时代背景、作者生平、表现技法任一一方面有所了解。
	3—4	对所选作品的时代背景、作者生平、表现技法有一定的了解。
	5	对所选作品的时代背景、作者生平、表现技法有全面的了解并有精当的概括。
B 对"审丑"概念的理解10分	1—2	对审丑的理解非常局限。
	3—4	有一定理解，但泛泛而谈，基本上是对已有资料的复述，不能就具体的作品展开有针对性的分析。
	5—6	对审丑的概念有一定的理解，且能结合作品展开分析。
	7—8	对审丑的概念有很好的理解，且能结合作品展开分析。
	9—10	对审丑的概念有出色且独到的见解，能结合作品展开分析。
C 组织与表达5分	1—2	表达缺乏重点和组织。
	3—4	表达有结构和重点，但组织上不是尽善尽美。
	5	表达条理清晰，主题明确。
D 语言5分	1—2	语言有很多的语病和表达不清的地方，语体不恰当。
	3—4	语言基本准确、清晰，语体基本恰当。
	5	语言非常清楚、准确，语体恰当。

第六步：

	传统文本	《出关》文本	对比心得
老子形象	《庄子·天下篇》："关尹、老聃乎,古之博大真人哉!" 《史记·老庄申韩列传》："孔子去,谓弟子曰：'……吾今日见老子,其犹龙邪!'"	"好像一段呆木头" "他才留声机似的说道：'您走了？您不喝点儿茶去吗？……'"	鲁迅对老子和他的成就是以一种讽刺的笔调来描述的。尤其是文中反复出现对老子"好像一段呆木头"的描写。这本是指得道之人进入到"形如槁木""心如死灰"虚静忘我的状态。但作品却直接将其调侃成一段呆木头的滑稽形象。而老子出关的原因从不忍世道日衰、百姓受苦变成了躲避孔子迫害的自保之心。从中我们能看出他对于道家的态度。鲁迅并不认可道家贵柔、避退的人生哲学,更不认为这样一种哲学能给苦难中的中国人带来疗救的希望。在《〈出关〉的"关"》一文中,鲁迅更说老子是"'无为而无不为'的一事不做,徒作大言的空谈家。"并说他同意关尹子对老子的嘲笑："他是连老婆也娶不成的。"更进一步地表达了他对道家在面对人生问题上消极退让态度的不满。这反映出在特定的时代背景下,中国知识分子反思传统文化,为中国人的精神寻求新的出路和希望的努力。
出关经历	《史记·老庄申韩列传》"老子修道德,其学以自隐无名为务。久之,见周之衰,乃遂去。" 《列异传》"老子西游,关令尹喜望见其有紫气浮关,而老子果乘青牛而过。" 布莱希特"当他年逾古稀,身体羸弱,期盼宁静之心,复又涌动,但因国中善良,再度衰弱,邦内邪恶,再度逞凶。大师系上鞋子,踏上旅途。"	"'自说是上流沙去的,'关尹喜冷冷的说。'看他走得到。外面不但没有盐,面,连水也难得。肚子饿起来,我看是后来还要回到我们这里来的。'" "'你在我这里学了这许多年,还是这么老实,'老子笑了起来,'这真是性不能改,命不能换了。你要知道孔丘和你不同：他以后就不再来,也不再叫我先生,只叫我老头子,背里还要玩花样了呀。'"	
评价《道德经》	林语堂《老子的智慧》："老子的隽语,像粉碎的宝石,不需装饰便可自闪光耀。" 黑塞："我们现在所急缺的智慧,在《道德经》里。现今我们的唯一任务便是,把它译介到欧洲来。"	"来笃话啥西,俺实直头听弗懂。" "'我倒怕这种东西(指《道德经》),没有人要看。'书记摇着手,说。'连五个饽饽的本钱也捞不回。譬如罢,倘使他的话是对的,那么,我们的头儿就得放下关官不做,这才是无不做,是一个了不起的大人……'"	

专题 3

含英咀华

赵氏孤儿大报仇　赵氏孤儿：又,赵家的小孤儿

茶花女　巴黎茶花女遗事

1. 译者将第五折分为了五个场景；多个角色出场时在场景数字下注明了人名；人物

知识附录

在道白前,名字居中,宾白另起一行,并且同一段中不会有第二个人掺入对话。

2. 呈现大篇幅的独白的日记,能最大程度地体现玛格丽特的诚挚激情。《茶花女》借助日记这种最私密的文体,打破叙述的隔阂感,向读者敞开灵魂,唤起所有读者的共情;而文字背后的主体性,也是值得我们留意的,茶花女在阿尔芒即亚猛父亲前一直保持着自尊。她作为一个独立的人的思考和情感,始终被放置在最核心的位置。《巴黎茶花女遗事》保留了以上两点,在形式和情感上都给当时的读者极大的震撼。

3. 叙述者不等于作者,"我"和"小仲马"之间是两个有所重叠、但又各自独立的存在。小仲马在叙述者"我"身上灌注了自己的同情,但"我"归根结底仍是一个虚构的角色。

实践笃行

第 一 关

1. 以下设计仅作参考:

		赵氏孤儿大报仇	《赵氏孤儿》(英译)
叙事者	魏绛	第1段"小官"至"去来",第8段"小官"至"知道","将过来"至"有何理说","屠岸贾"至"早了",第14段"程婴"至"命"	第1、13、15、18、21段
	程勃	第1段"某"至第4段"来也",第4段"兀的"至第5段"赌当",第6段"兀那"至"冤仇也","是程婴道来","你这贼走那里去?"至第7段"鞍轿"上,第8段"令人"至"去来","父亲"至"屠岸贾也","老宰辅"至"做主咱",第9、11、13、15段	第2、4、6、8、10、12、14、17段
	屠岸贾	第4段"今日"至"行者",第6段"屠成"至"甚么","谁这般道来","这孩子"至"干净",第8段"我"至"而已"	第3、5、7、9、16段
	程婴	第8段"则怕"至"了也",第10、12段	第11、19、20段
	说书人	第1段"诗云"后,第14段"词云"后	
	皇帝		第1、22段

2. 以下设计仅作参考：

茶花女	巴黎茶花女遗事
你	亚猛
	君
原因：因为林纾不能理解日记并非书信，怎么会使用频频第二人称	

第 二 关

1. 以下设计仅作参考：

	《赵氏孤儿大报仇》	《赵氏孤儿》（英译）	文 化 差 异
1	方今悼公在位	本朝有个屠岸贾	中国传统文学里新君上位后冤案得以平反的程式/没有意识到这种程式
2	屠成，你来做甚么 我不是屠成 这孩子手脚来的	屠成，我的儿子 我既不是屠成，也不是你儿子 那我真是养了个不知感恩的儿子	血仇绝对先于收养关系/西方译者可能认为，即使两人是敌人，收养方和被收养的孩子之间仍存在特殊联系
3	报俺家的冤仇也	为我那受你折磨的父母报仇	对整个家族的重视/落实到更亲近的父母
……			

	《茶花女》	《巴黎茶花女遗事》	文 化 差 异
1	她们是一架榨钱的机器	以为勾栏人蓄机械心	西方社会工业时代的背景/《庄子·天地篇》"有机械者必有机事，有机事者必有机心"的道家传统
2	自从我成为你的情妇以来 除了情妇之外还有家庭	谓余自与亚猛交 此人身旁	中上层男性供养情妇的惯常现象/红颜知己的传统
3	你的灵魂里有很多善良的想法	尔为人至佳	基督教中的灵魂概念/切实的、为人方面的认可
4	除了爱情之外还有责任	此人身上，犹有伦纪	古代中国对伦常、纲纪的推崇
5	赎清你很多过去的罪过	留此一重阴德，正可抵前此恶孽	古代中国关于轮回、恩德、罪孽的佛教观

2. 略

第三关略

知 识 附 录

专题 4

含英咀华

给我一个中国娃娃

1. 突出黑娃娃肤色黑的特点,强调作者在看到黑娃娃时内心惊讶之情。

2. 既照应标题,也深化了主题。中国孩子没有中国娃娃,只有洋娃娃,某种程度上反映了国人崇洋媚外的心理。文章结尾作者呼吁"给我们的孩子一个中国娃娃吧",是希望国人重新检阅、反省现行的价值观,进而建立民族自尊。

3. 示例:"如果你来到欧美国家,别人也这样说你,你会有怎样的感受?"

4. 略

5. 略

卧 虎 藏 龙

1. 示例1:爱。电影以"青冥剑"的得失为线索,展现了李慕白与俞秀莲、罗小虎与玉娇龙两种不同风格的爱情。李慕白与俞秀莲的爱情受传统道德的束缚,表现得克制而隐忍;罗小虎与玉娇龙的爱情试图冲破传统道德的束缚,表现得热烈而奔放。李慕白与俞秀莲的爱情在含蓄中透着无奈,罗小虎与玉娇龙的爱情在浪漫中透着不安。最终两对深爱着的恋人都没有走到一起,李慕白在俞秀莲的怀里永远地闭上了眼,而玉娇龙也当着罗小虎的面纵身跳下了悬崖。两对江湖儿女皆爱而不得,令人扼腕。

示例2:人心。玉娇龙这个官宦千金,浑身透着生命的活力与蓬勃的朝气,她渴望实现心中的"江湖梦",渴望选择一个自己爱的人并用自己的方式去爱他,但任性、野性如她,也终究冲不破家庭、伦理的束缚,尤其是无法冲破心的束缚。李慕白想交出青冥剑,退隐江湖,闭关修道,不问红尘,但终究摆脱不了尘世的纷扰,放不下江湖道义、恩怨情仇。电影以武侠故事为载体,以江湖风波为背景,表现了对自由自在的生命状态的追求,以及这种追求受压抑、受束缚的痛苦与无奈。电影的结局是李慕白死在了爱人的怀里,玉娇龙在爱人面前纵身跳下悬崖,从某种角度说,这无疑是一出个人欲望与社会责任、生命冲动与伦理道德冲突而造成的人性的悲剧。

2.《卧虎藏龙》里的许多台词富有禅意,尤其是李慕白的台词,比如:"这次闭关静坐的时候,我一度进入了一种很深的寂静,我的周围只有光,时间、空间都不存在了","把手握紧,里面什么也没有,把手松开,你拥有的是一切","勿助勿长,不应不辨,无知无欲,舍己从人,方能我顺人背"。这些台词都有着浓浓的哲理意味。

当然,电影中除了这些富有中国传统文化特色的台词外,还有风格完全不同的,"莎士比亚式"的对白。比如李慕白临终前的这段。喜欢的人认为其语言华丽而诗意,深情而绵长,这些好用修辞、意蕴丰富、节奏优美的台词不仅给人以美的享受,也很好地表达了人物复杂的情感,将剧情推向了又一个高潮。而批评者则认为李慕白台词所用的欧化的华丽长句,与俞秀莲道家意味浓厚的台词、与这部武侠片浓郁的中国传统文化特色很"不搭调",而且李慕白那种直露的爱的表白也与他一直来的"中国式"的含蓄、隐忍的性格格格不入。当然,从某种意义上说,人们对这段台词褒贬不一,恰恰体现了《卧虎藏龙》中西合璧的特色。

3. 西方观众见玉娇龙纵身跃下悬崖而唏嘘不已,表明他们基本理解了这一情节。而中国观众对结尾处这样的情节安排很是不解:玉娇龙不是已经可以和罗小虎在一起了吗,她为什么还要自杀(如果这叫"自杀"的话)?玉娇龙到底死了还是没死?影片就这样"莫名其妙"地结束了,国人非但"有情人终成眷属"的大团圆期待落了空,而且还生出许多疑惑来。

李安曾说过:"在台湾生长的我,个性和眼光都是很中国的,而且已经定了型。可是我接受了许多西方的电影语言戏剧表达能力,这些是我拍片的方式,但在骨子里面,我还是用中国人的眼睛在看世界。我觉得结合中西方是作为一个现代人必需的。"李安的生活及求学经历决定他兼具东西方的视野。在《卧虎藏龙》这部有着浓郁的中国文化特色的古装武侠片里,玉娇龙这个养在深闺的贵族小姐却被设计成了西方味儿十足的"青春美少女",叛逆,张扬,自由,随性,她身上体现的自由主义和个人主义很能获得西方观众的认同。

"玉娇龙之死"似乎可以做多重解读。1. 玉娇龙觉得她的"人生导师"李慕白是因自己而死的,她无比内疚,只好以死赎罪,寻求心灵的安宁;2. 玉娇龙一直追求自由自在的

知 识 附 录

生活,现实中的种种羁绊让她身不由己,这最后的纵身一跃是她最后的抗争,换来绝对的自由;3. 玉娇龙的所作所为使家族蒙羞、师长蒙难,也使朋友生隙、爱人相离,绝望中她想起小虎曾跟她讲过的那个传说中的"心诚则灵"许愿故事,希望自己的"诚心"能感动上苍;4. 玉娇龙的跳崖与其说是走向死亡,不如说是与自然融为一体,是一种精神境界的飞升……

实践笃行

《刮痧》:移民的文化困境

1. 来美国 8 年的新移民许大同事业有成,家庭幸福,在电脑游戏设计行业年度大会上获奖。

一是,大同儿子丹尼斯身体不适,刚来美国不久的大同父亲看不懂药品外包装上的英文,就用传统的方法给丹丹刮痧。丹尼斯意外受伤入院,医生发现了他背上的"伤痕",认定丹丹受虐待而报警。两次听证会上,大同既不能使法官相信刮痧是一种疗法,也不能证明自己是个好父亲,而失去了孩子的监护权。大同父亲决定离美回京,为了让父亲见上孩子一面,大同将丹丹从儿童福利中心"骗出"。受到通缉的许大同带着儿子从容逃逸,与警察玩起了追击游戏。为了让丹丹回家,大同被迫和妻子简宁分居,并被判定不得接近孩子。圣诞夜,为了兑现给儿子的承诺,大同冒险从公寓外的水管爬上九层高楼"回家"。公司老板昆兰亲身尝试刮痧后,说服儿童福利局,也说服法官取消了禁令,并将取消禁令的文书于圣诞夜送达大同家。

2. 示例

关键词 1:刮痧

全剧的冲突皆因"刮痧"而起,大同和父亲认为刮痧作为一种中医的传统疗法是再正常不过的,而美方见到丹尼斯背部刮痧后留下的紫红色斑块认为他是受到了虐待。双方在刮痧一事上的分歧其本质是中医和西医的分歧。比如,中医以阴阳五行为理论基础,西医以实验科学为基础;中医治疗的对象是生病的人,而西医治疗的对象是人所生的病;中医强调病人的独特性,西医强调疾病的普遍性……在听证会上,大同无法向法官证明刮痧是一种中医的传统疗法,其主要原因是西方对中医的偏见,当然大同本身也有问题,比如他不能用对方听得懂、能接受的方式讲清楚"刮痧"的治病原理。电影后半段大同的

朋友和老板昆兰来到唐人街，亲身尝试了刮痧。那位给昆兰刮痧的华人对刮痧的介绍显然要比大同更清楚，也更易为西方人所接受。

关键词2：孙悟空

大同认为孙悟空是个善良、有正义感的英雄，而控方律师认为孙悟空是只顽劣粗鲁的中国猴子，从而证明大同有暴力倾向，有虐待儿子丹尼斯的可能。控方律师显然是为了打赢官司而有意曲解甚至污蔑、诽谤孙悟空形象，其本意是要激怒大同。结果，大同果然被激怒，而一向冷静、理性的法官果然认定大同是个危险的人剥夺了他对儿子丹尼斯的监护权。

抛开控方律师的断章取义不说，从双方对孙悟空的不同理解中也可以看出中西方观念上的差异。在中国人看来，"大闹天宫"里的孙悟空是个酷爱自由、敢做敢当、富有反抗精神的英雄形象。而在注重规则和秩序，强调契约精神的西方人看来，"大闹天宫"的孙悟空自然成了规则的破坏者，暴力的实施者。

关键词3：家庭教育

传统的中国家庭里"长幼有序"，家长有绝对的权威，孩子应无条件服从。大同虽然来美国多年，但骨子里还是个传统的中国家长，当儿子没有听从他的命令向小伙伴道歉时，他就粗暴地打了孩子，这也很符合传统教育"棍棒底下出孝子""不打不成材"的理念。可是作为二代移民的丹尼斯怎么也理解不了，因为他生在美国，长在美国。美式教育强调民主、平等，家长把孩子当作一个独立的个体平等以待，尊重孩子的人权，尊重孩子的选择，鼓励孩子有自己的想法，用自己的方式解决问题。中国传统的家庭教育有合理的成分，也有与时代不相符的成分，国人的家庭教育观念在继承优良传统的同时也应与时俱进。

关键词4：面子

大同认为他当面打自己的儿子是为了给昆兰面子，而昆兰却无法理解。因为昆兰不懂得中国人重"情"，比较好面子，而美国人重"理"，对就是对，错就是错。再往深里说是因为中美两国的文化取向不同：中国是集体主义文化取向，美国是个人主义文化取向。中国文化强调个人利益服从于集体的利益，美国文化强调个人的利益高于集体利益。当发生冲突时，国人会调整、约束自我以适应他人，维护面子以维持相互依存的关系。受集体主义文化熏陶的大同这种处事方式自然不能为受个人主义熏陶的昆兰所理解。

3. 对于影片大团圆的结局,我们可以理解为是爱与诚恳化解了文化冲突,让大同一家从困境中突围。正如该片导演郑晓龙所说:"各种文化在浅层次、在表面上虽然千差万别,但当涉及人本身、人的本性,比如亲情、家庭的层面时则是共通的。"

但我们也可以理解为移民走出困境只是导演的一个美好的愿望而已。导演为男主角所起的名字就有一种隐喻的意味。"大同"出自《礼记·礼运》,"大道之行也,天下为公。选贤与能,讲信修睦,故人不独亲其亲,不独子其子,使老有所终,壮有所用,幼有所长,矜寡孤独废疾者,皆有所养。男有分,女有归。货,恶其弃于地也,不必藏于己;力,恶其不出于身也,不必为己。是故,谋闭而不兴,盗窃乱贼而不作,故外户而不闭,是谓大同。"

大同走出移民的文化困境非一朝一夕的事,也非仅凭一己之力就能达成。文化差异客观存在,文化冲突不可避免,而"3C"原则有助于冲突的化解,那就是:沟通(Communication)、合作(Cooperation)、妥协(Compromise)。

《MULAN》:用好莱坞的方式讲中国故事

1.

		迪士尼《MULAN》	乐府《木兰辞》
人物	同	孝顺,善良,英勇,果敢,轻视功名,珍视亲情与友情。	
	异	柳叶眉,丹凤眼,高颧骨,塌鼻梁,厚嘴唇,皮肤黑黄。个性鲜明,有血有肉,常犯小错,活泼可爱,敢爱敢恨,敢做敢当,追求自我。	人物形象模糊,个性不突出。
情节	同	女扮男装,替父从军,英勇杀敌,保家卫国,放弃功名,荣归故里。	
	异	增加了军中刻苦习武,逐渐成长的情节,并将十二年征战浓缩为一场战役。木兰的女儿身份中途即曝光,穿插了与李将军爱情戏。	着重表现出征前的准备,概写十年征战,详写木兰还家与亲人的团聚。木兰的女儿身在中途并未暴露。
主题	同	歌颂女扮男装替父从军的传奇英雄花木兰。	
	异	木兰既为了年迈的父亲,也为了花家的荣耀,更为了实现自我而出征。歌颂追寻自我,实现自我的个人主义英雄。	歌颂忠孝两全的巾帼英雄。

(续表)

		迪士尼《MULAN》	乐府《木兰辞》
其他	同	除女主角木兰外,还有配角,如父母,小弟,伙伴。	
	异	除女主角外还增加了人物设定,而且个个形象鲜明,如:宽容的父亲,雍容的皇帝,尖刻的丞相,英勇的将军,闹哄哄的军中伙伴,阴险的单于,古怪精灵的木须……	配角形象亦不鲜明,仅为衬托女主角形象。

2. 迪士尼改编的花木兰是一次成功的创意:增加的爱情戏丰富了故事情节,增加了影片的娱乐性,也保证了票房的成功率;将十年征战浓缩在一场战役中,使情节更紧凑连贯,拉近与观众的距离,也更吸引观众;改编后的花木兰形象较原来更鲜明生动,而木兰由一个邻家女孩成长为保家卫国的英雄,实现自我价值,也让人感觉更可亲可爱,更具现代感;那些配角个个生动形象,为影片增色不少,从中也可以看出迪士尼制作的诚意与创意。迪士尼在保留了中国传统文化元素的前提下,巧妙地植入现代元素和价值观,使花木兰的形象焕然一新,也使之更易为西方观众所接受。可以说,这是一次成功的改编,体现了在文化多元化的当下,中美文化在一定程度上的融合。

迪士尼改编的花木兰是对中国传统文化的误读:中国传统文化中的木兰其核心内涵是"忠孝两全",而动画片中的木兰其核心内涵是"实现自我价值";爱情戏增添了动画片的喜剧色彩,却削弱了深刻的文化内涵;木须龙的形象犹如蜥蜴,与中国传统文化中龙的形象大相径庭;在等级森严的中国,木兰拥抱皇帝更是不可能的事。说到底,《MULAN》是借中国传统故事的外壳,传达美国的价值观。

3. 略

专题 5

含英咀华

借他们一双慧眼

1. 这种方式以自我为中心,仅凭只言片语中获得的印象去想像中国,而不是建立在

知识附录

深入全面地了解中国的基础上。

2. 通过神态描写，体现他们的内心活动、情绪变化，真实、直观地反映他们对中国的印象或者看法

3. 这四幅画犹如"盲人摸象"故事中盲人对大象的个人认识，抓住一点，不计其余。不准确、不全面、不科学。

外国人眼中的中国和中国奥运

1. 生动形象地写出了中国渴望通过奥运平台让世界认识自己、承认自己的心理。

2. 可以同意，也可以不同意。同意的话，从不同文化的独特性能带来新鲜的体验等方面进行阐释。不同意的话，从时代的发展、文化的交融等方面进行阐释。

3. 1) 利益冲突：中国经济的快速上升，令一些在金融危机中苦苦挣扎的西方传统强国感到焦虑甚至恐惧；中国世界影响力的日益增强，令一些国家感到不安并散布"中国威胁论"；中国不会扩张出国门来竞争资源以求生存，美国和欧洲则对扩张实力甚至取得外国地区的控制权十分心安理得。2) 价值观冲突：中国人比较重视"和合"，外国人比较重视"个性"；中国人比较顺从权威、尊重长辈，家庭观念比较强，外国人比较崇尚个性，向往自由平等。

实践笃行

二、热身运动

> Daisy：我是 Daisy，生在中国，长在中国，大学毕业后在美国和加拿大留学多年，目前在美国定居，周围有很多学术圈的朋友，他们对中国的看法令我吃惊。我发这个帖，想说说我身边的老外怎么看待中国，希望能对大家有所启发。在加拿大留学时，看到某权威媒体关于中国城管的报道。整个画面都是灰色调的，非常压抑。解说词说：穿着制服的警务人员，每时每刻都在大街上巡逻，时时刻刻盯着街上老百姓的一举一动。此时画面给出的是卫生巡逻的照片。虽然国内经常有关于城管的负面报道，但这样张冠李戴的画面还是让我啼笑皆非。

> 1楼：国外媒体出现这种不问事实的报道，主要还是源于他们对中国的刻板印象。但是时代在发展，用一成不变的眼光来审视中国，就有问题了。
> 2楼：
> 答案提示：着重围绕国外媒体如此报道中国背后的原因发表看法。

> Daisy：现在中国很多高校开始高薪聘请北美名校教师到中国讲学，有些教授是请不到的，他们会跟你说，行程已满，没有办法。但私底下会说，怕到中国之后被空气毒死，被食品药死。中国有什么好事，美国这边是不会报道的，有个天灾人祸、事故、空气污染、食品中毒，一定大力报道。也难怪人家会有这种想法，实话实说，污染确实是中国的痛中之痛。

(续表)

1楼：中国环境治理方面，的确还存在很多问题。西方媒体如果如实报道，也无可厚非。但如果总是夸大其词，甚至居心叵测，那就值得我们深思了，体制差异不应该成为诋毁对方的理由。 2楼： 答案提示：着重围绕国外媒体如此报道中国背后的动机发表看法，也可对中国存在的问题做一反思。
Daisy：说一个音乐系教授吧。他也算是有名的钢琴家，全球巡回那种。我记得有次聚会和他聊起来，他问我，你在国外待了这么久，你回去还习惯吗？听说中国都不让女孩子上学的？我看到很多网友说不用在乎外国人对我们的看法，但这对海外华人很重要，中国的国际形象不仅会影响海外华人的生活，对中国自身的发展来说，也有很多值得思考和提升的价值。
1楼：真实的中国是怎样的？希望海外华人多多宣传，也希望日益强大的中国，成为海外华人最强大的后盾。多听听媒体对我们的报道，也有利于我们反思自己。 2楼： 答案提示：着重围绕中国出现的变化发表看法，也应谈到进行中外文化交流、对照的价值。

三、小试身手

1. Ultimate Goal 终极目标——中国人终其一生，无论学习还是工作，总是用"我要成功"来要求、激励自己。有一句俗语叫"成王败寇"，形象地说明了成功和失败对人的不同影响。所以中国的家长和老师、学校和社会，往往用成绩的好坏来评定孩子成功与否。不成功的孩子，往往会被忽略、批评，成功的孩子，则被赞美、宠爱。这样的目标设定，对学生的人生发展和社会的进步有害无益。反观美国教育，注重学生的成长，只要学生在学习的过程中取得了进步，能力有所提升、经验有所增长，那么，教育的目的就达到了。这样的目标设定，符合学生个体发展的规律，符合群体差异性，符合社会对人才的不同需求，显然更为科学合理。可悲的是，环顾四周，在中国，这种急功近利的教育现象比比皆是，很大程度上的确代表了中国教育的过去和现在。希望在未来，我们能看到改变。

2. 答案提示：可从知识的系统化传授、快速精确的计算能力培养、严密的逻辑思维能力培养、极强的自我管理能力培养、坚韧的意志品质培养等方面加以比较。

四、升级挑战

（一）

1. 答案提示：

知 识 附 录

(1) 穿中式运动套装校服

(2) 做广播操

(3) 班级人数增加

(4) 班级定规则

(5) 上晚自习

(6) 体育参加考试

(7) 全面沉浸式的文化环境：扇子舞、眼保健操、包饺子、做手工、解九连环、选举班委

2. 答案提示：

(1) 一部分体育不理想的学生感到伤心挫败

(2) 上课注意力不集中,互相影响

(二)

1. 答案提示：

(1) 上课注意力不集中,引发师生冲突

(2) 竞争、排名式的教育方式引起学生质疑

(3) 单方面的知识灌输引起学生和老师不满

2. 答案提示：

(1) 课堂纪律很差,教师授课受到严重干扰

(2) 教学效果差,学生不理解所学内容

(3) 学生和老师心理、精神层面都受到影响

(三)

1.

➤ 对冲突的看法

英方如是说	1. 苏菲："我慢慢发现,老师态度越严厉,学生就越想捣乱,因为我觉得这很好笑……我觉得他们想让你难堪一下……我一点都不觉得尴尬,因为全班都认识,所以我觉得这有点不可理喻。" 2. 数学老师："显然这些知识大部分是非常快地塞给他们,分分钟了事,就秉着知识就在这摆着,记下然后应用的理念。教学、学习和课堂已经发生了很大变化,这不再是学生的课堂,而是老师的课堂。如果我们作为老师不把课程按照受众群体的要求来设定的话,结果只能是对牛弹琴。学生要么会作弊,学生既不懂其表,也不懂其里。你就只是单方面的灌输,他们就会坐在那等着你闭嘴。"

(续表)

英方如是说	3. 校长："我必须要开诚布公,我不希望我们在这次试验中发现,老师站在课堂前面,对学生滔滔不绝地讲大量的笔记,我不希望这是教育学生最好的方式,因为这在任何情况下,都是不受欢迎的。"
中方如是说	1. 杨老师："我们也在学习,学习课堂管理技巧,因为在中国,我们不需要所谓的课堂管理技巧,因为每个学生从生下来就遵守纪律,天性如此,再加上家庭培养以及社会教育,但在这里,课堂管理是教学中最难的部分。" 2. 邹老师："我没想到学生的水平是这样的,他们对数学,没有中国学生那么重视,我发觉这里的学生不习惯去记公式,他们的水平落后中国学生很多,这会让你的教学节奏变慢。"
观察者如是说	冲突双方都站在自己的立场上,对对方的表现很不满意:英方认为中国式教育只是单方面的知识灌输,忽略了学生的具体情况;中方认为英国学生纪律涣散,不思进取,缺少学习的动力。这些冲突造成了很严重的后果:学生形成逆反心理,站在老师的对立面;教师无所适从,感到挫败羞愧。冲突的产生有其必然性,但也有夸大的成分:英国也有严格的管理制度,中国教师并非如此不通人情。冲突使学生和教师的精神都受到打击,教学情况令人担忧,需要找到强有力的措施加以改善。

➤ 对冲突原因的看法

英方如是说	1. 校长："就学生来看,我觉得他们与老师互动得很好,不过老师一直站在台上说'跟我念'这样做是可以,但很难激起学生的学习热情。" 2. 罗茜："我觉得她认为我们是机器人,我们能吸收她给我们的全部知识,然后就能得全优,光从黑板上抄下知识点,并不能让我真正学会。" 3. 卢卡："她很容易失去我们的注意力,在课堂上只是单纯地抄她的板书,这真的很无聊。" 4. 菲利帕："竞争性非常强,到现在为止什么都要和别人比,几乎变成了一场迷你比赛。如果有人体育不是很好,但很擅长学术性科目,比如数学和英语。我觉得如果只因为体育不好,就不能考取顶尖的理工科大学,对他们太不公平了。……我不觉得把自己和别人比是一种健康的生活方式。" 5. 校长："我不认为我们国家的福利,是导致我们孩子失败的原因。但也许,我们确实不像中国那样有让孩子们努力奋斗成功的绝对动力。"
中方如是说	1. 校长："在英国,家长和整个社会对这个年纪的孩子并没有多高的期望。他们可以随心所欲地生活,他们可以做他们想做的事情,他们没有太大压力,所以他们的态度也没有多大的转变。" 2. 赵老师："英国学生落后的原因,在于他们的态度,他们没有意识到,学习不仅是权利,更是责任,国家给了你这个机会,你应该珍视,你不能只是说,我来上学,完全免费,我不用交钱,所以他们不重视。而事实上,他们交了钱,这钱来自父母交的税,别人父母交的税,钱不是从天上掉下来的,懂吗?" 3. 杨老师："在中国,个性是不被鼓励的,我们做的一切都为了国家,我认为这很好。英国需要如此,需要这种力量,需要那种团结精神,但或许中式教学法在某种程度上,扼杀了学生的想象力、思维自由、批判性思维以及创造力。" 4. 杨老师："你们有 BTEC 和 IGCSE 课程体系,你们为不同能力的学生,准备了不同的教学大纲,而我们没有。我们只有一种教学大纲,你跟不上就被淘汰,全看你自己。"

知 识 附 录

(续表)

观察者 如是说	1. 生存环境大不相同：中国人口众多，竞争异常激烈，学习是改变自身生活条件甚至家庭环境的有效手段。而英国福利制度相对完善，学生的生存压力较小，所以学习动力不足。英国学生早已完成社会分层，无须为进入上一阶层拼尽全力，中国学生可凭借学业成绩改变社会地位，所以学习动力很足。 2. 教育理念有差异：英国注重个性化培养，鼓励学生在探索中学习；中国教育更像是标准化的生产线，注重效率和结果。 3. 家庭氛围不同：英国家长近乎"放养"，对孩子的学业关注度低于中国家长；中国家庭大多是独生子女，因此倾其所有、呕心沥血，高度重视孩子的学业水平。 4. 思维方式有异：受传统文化的影响，我们注重"规矩"，尊重权威，鲜少表现个性；英国学生则注重个性，对权威敢于挑战，基本不受条条框框的束缚。

2. 答案示例：

纪录片的旁白道："中式教育是基于高压学习和残酷竞争的无情学习制度。""中国文化及其学术成就最核心的部分，就是一件事——服从。重视学校的工作，就是把孩子们塑造成模范公民。"这是纪录片中 BBC 对中式教育的理解。在英国老师和学生眼中，中式教育教学进度飞快，教学内容枯燥乏味，老师教学方式单一，课堂死气沉沉；同时，竞争式的教育给学生施加了很多压力，需要学生有更强大的承受能力和绝对的学习动力。在这样的教育体系下，学生们被一味地灌输知识，被一味地要求服从指令，想象力和个性却被扼杀。他们认为这种教育方式不是好的教育方式，校长也在纪录片中多次公开表示，"我不希望这是教育学生最好的方式，因为这在任何情况下，都是不受欢迎的。"从某种角度来讲，英国人对自己的教育还是很自信的。他们认为英式教育较中式教育更加注重学生个性发展和探索能力的培养，上课氛围宽松，能激起学生学习兴趣。教学内容与孩子学习能力相匹配，分层教学能够照顾到每个学生的能力和自尊心。而鼓励式教学能使学生更有信心，更能带动学生的积极性。他们为何如此看待中式教育？主要有以下几点：

1. 意识形态：中国与英国，双方在意识形态上差异很大，比如，纪录片中多次出现"集体主义"这个词，中式教育强调培养学生的集体意识；而"个性自由"则是英国以及整个资本主义世界引以为傲的精神财富。由此可见，外国人对中式教育的质疑甚至否定，其根本原因在于中西方价值观的差异。一个国家对另一个国家教育制度的看法，往往是基于这个国家在世界范围内的政治、经济、文化以及精神形象所做出的评价。这种政治制度上导致的意识形态差异基本上决定了欧美国家看待中国的方式，自然也迁移到对中式教育

的评判。2. 文化传统：在中国，长期占据主流文化领地的"儒家传统"，强调"仁义礼智信"，社会、学校、家庭都教育学生安分守己、尊重权威，学生易于接受老师的教诲，极少反对老师定下的规则制度，也基本不会和老师发生激烈冲突。而文艺复兴和启蒙运动强调的都是"人性"，英国学生更强调自身感受，不愿受外界过多的束缚，敢于挑战权威，这就使习惯学生接受和服从的中国老师无所适从。3. 本土意识：自觉不自觉中，我们都会对本国文化有一种认同感，这种认同感可以增强我们的民族凝聚力，但也会让我们对他国文化产生天然的排斥感。从纪录片中我们不难看出，中国老师在英国所遇到的挫折很大一部分是源于英国学生的不配合甚至是故意挑衅，其背后隐含的是英国学生以及英国社会对中国文化的抵触情绪。4. 历史因素：由于历史原因，中国在很长一段时间里经济衰败，科技落后，留给世人的印象就是不苟言笑、中规中矩，甚至死板单调。这部纪录片中中式教育在英国所遇到的质疑与阻碍，恰恰反映了中国在世界各国人民心中的形象。这种形象一旦形成，很难在短期内得到改变。5. 纪录片的拍摄意图：纪录片倾向于警示英国人公立教育的问题。事实上，英方私立学校管理制度并不比中式教育宽松。整部纪录片经过了后期剪辑，只选用了一部分画面，并不能真实完整地反映中式教育的原貌，只代表BBC制作方的观点。

专题 6

含英咀华

母 亲 节

1. **偶然性**：美国的贾维斯夫人想到了南北战争中含辛茹苦抚育英雄成长的母亲们，想设立母亲节但生前没有如愿。她女儿安娜·贾维斯小姐后来努力促成这件事，并建议把母亲节定在她母亲去世的那天。

必然性：安娜·贾维斯小姐到处宣讲母亲节，得到了热烈的反响，从民间到政府甚至美国总统，都极力赞成这件事。因为从普通人到有成就的人都对母亲有感恩之心，都能够希望有一种形式去表达对母亲的敬意。这是人类共同的情感。

2. 并不是这位母亲不饿,而是在饥饿的孩子面前母亲根本顾不上自己。把面包全部给了孩子,正是出于母亲对孩子无私奉献的天性。母性是一种本能,但是又能够克服和超越本能,比如能够克服饥饿的本能,比如能够忍痛把孩子送上战场去满足国家和社会的需要。

3. 参考:① 男权社会,妇女地位相对低。② 对传统妇女的要求:三从四德、坚韧、无私……③ 儒家倡导的孝道大都体现在日常生活中的"礼","礼"已覆盖了人的衣食起居等角角落落,所以另设一节日的必要就并不大了。④ 中国节日往往关注天地神,极少关注个人。

4. 略

日韩节日习俗中的文化传承比较

1. 钟摆式文化传承:日本人善于吸收一段时期的外来文化之后,再产生一股反向的潮流,强烈要求回到固有文化中去,如此循环不已以达到各方冲突的并行不悖。

打糕式文化传承:韩国人善于将外来思想反复打磨,用于现代社会的各个领域,角角落落。就算形式不同,其质地也是万变不离其宗。

2. 略。

3. 如圣诞节,我们往往会用购物和聚会的方式去庆祝它。圣诞节是西方的宗教节日,这层意义在中国被削弱了,老百姓们更愿意接受它的"狂欢性"的一面。因为中国的传统节日大多重家庭和伦理,侧重个人和娱乐的较少。加之随着社会生活节奏的加快,人们需要更多的方式去减压,此类洋节就提供这样的契机。

■ 专题活动一

1. 参考答案:

以北京为例(BBC)

取景地点1	行进中的出租车上
拍摄目的	表现春运的繁忙
拍摄人物	出租车司机
文化元素	中国人在节日里对团圆的渴盼

(续表)

收视亮点	让观众了解巨大人口移动压力下北京强大的交通调度系统,无论从对指挥中心还是到对每辆出租车上的GPS系统的介绍,都让西方观众对中国现如今的科技发展和应用程度有所认知。
取景地点2	北京西站
拍摄目的	表现春运的繁忙
拍摄人物	春运中来往人群
文化元素	中国人在节日里对团圆的渴盼
收视亮点	直观展现春运人口大迁移的具体状况,这是西方国家观众难以想象的。

2. 参考答案:

示意图能够直观呈现以下几个特征——

① 纪录片整体多地拍摄的平行叙述

② 局部不断地在多地间交错叙述,插叙

③ 为特定的中心表达服务

④ 各条线内容之间的相互补充

3. 略

■ 专题活动二

√ 调研内容可以包括:

1. 过该洋节的中国式呈现有哪些?

2. 调研对象是否清楚节日的内涵或渊源?

3. 中国民众过该节的动机和需求是什么?

4. 在过该节日时,产生了哪些衍生附属产品?

5. 过该节过程中,民众或活动组织者有何困惑?

√ 反馈分析内容可以包括:

1. 该节日在原国本土的历史和演变是怎样的?体现了何种民族心理或文化?

2. 中国的过节方式与原国本土呈现的区别在哪里?这些年有无新的发展变化?

3. 本土方式的被改变和被保留的根据是什么?体现了中国民众怎样的民族心理或文化?

知识附录

4. 该节日对当代中国民众文化生活的消极或积极影响是什么？

5. 对未来该节日在中国的发展有何预测或建议？

✓ 关于文化差异可能出现的结论角度：

重形式与内容；重群体性和重个人化；重家庭、道德伦理和重个性释放；重物质和重精神；重教化和重感受体验；重物质消费和宗教意义……

调研互动答案参考：

1. 评判是否有价值要根据调研的目的——"中西文化差异"，无论选择哪一题，都需要自圆其说。比如认为第(7)题比较有价值，因为过节的目的是最能体现文化和价值观差异的因素，甚至是最根本的。目的决定形式，选择怎样的过节方式也与人们的过节目的紧密相关。

2. 第2和4条相对严谨。从过节的原因看，"赶潮流"和"喜欢过节"是主要原因，所以无法得出"情人节对中国人来说主要目的是表达爱意"；即使能从数据推断有较多人能接受西方节日，"对于西方文化的接受能力正逐渐增强"的结论也是不严谨的，因为没有历史的纵向数据是无法得出这样一个趋势的；认为"中西结合"和"无所谓"的人占据大多数，"中国传统节日并没有那么受欢迎"的说法也缺乏预设，即究竟多少百分比才算是受欢迎。

3. 略

专题 7

含英咀华

《前朝梦忆》前言

1. （1）内容多为追忆，兼记游；（2）篇幅虽短而情感丰沛；（3）行文走笔扼要洗练，常旁征博引。

2. 提示：《陶庵梦忆》中可从《湖心亭看雪》《金山夜戏》《虎丘中秋夜》《西湖七月半》《阿育王寺舍利》里任选一篇加以分析。《西湖梦寻》中可从《大佛头》《三生石》《湖心亭》《放生池》《小青佛舍》里任选一篇加以分析。

3. 提示：张岱一生虽无缘功名，却有志撰述。四十八岁时明亡，撰写明史以阐释王朝败因。又以散文小品，记录前朝的山川景物、风俗人情、文学艺术、市井众生，再现前朝的繁华，寄托故国之思。

4. 略

杜 甫

1.（1）杜甫扩展了诗歌的题材，尤其是不定场合诗歌的题材，并将分散的诗歌"类型"的各种要素重新结合，创造出混合形式。

（2）杜甫是第一位充分发展组诗的诗人，使诗歌既能充分展开题目，又不破坏短篇的简洁、密度及强度。

2.（1）认同。诗歌的语言是凝练的，但也因此而造成所指不明确，比如对《戏为六绝句》（之五）中"今人""后人"所指对象就有不同的理解，再比如对"不薄"宾语的不同理解，对"窃攀屈宋宜方驾"一句主语的不同理解等。语言的模糊多义和读者的不同期待，最终导致杜甫诗歌的模糊多义。

（2）不认同。宇文所安仅从语言文字层面来解读古诗，而不考虑作者的生平和诗歌创作的背景，不联系作者的其他诗歌乃至文学史，有时难免穿凿附会。"不薄今人爱古人"一句中的"今人"指庾信、四杰等作家。诗歌是语言的艺术，庾信、四杰等人的"清词丽句"不可废，更何况他们有"凌云健笔""龙文虎脊"，因而杜甫主张爱古而不薄今，崇古调，取新声。六朝诗人对诗歌形式、语言技巧方面的探索所取得的功绩不可抹杀，但也造成了只重形式不重内容的不良倾向。杜甫认为要超越六朝，不步齐梁后尘，只有"窃攀屈宋"。

3. 在中国诗歌史上，盛唐始终保持着其固定不变的中心位置，规定着所有后代诗人的地位。如果我们想对这一时代及其诗歌进行严肃认真的探讨，就必须将这种辉煌绚丽的神话撇在一旁。

要坚持盛唐是诗歌黄金时代的神话，就必须对三个重要方面加以注意。

首先，不能将这一时代等同于李白和杜甫，两位被后代读者看成是这一时代占主导地位的诗人。文学史并不能包括主要天才的全部，较为谨慎的做法是将天才安置于其基本背景之下。

其次是关于时代风格的一般问题。保守的文学史家幻想时代风格是一种完全一致

知识附录

的实体,具有方便的固定年代。另外一些人则不相信任何时代的标志,认为其中存在着不利于真正的诗歌鉴赏的东西。然而,时代风格又是无形的、多侧面的、相互渗透的实体,并不容易界定。

其三,盛唐神话的最严重危险是被切断其内在发展历程,变成一个光辉灿烂、多姿多彩的瞬间。盛唐诗的丰富多彩一部分确实是由于诗人个性的不同造成的,但另一部分却是七十多年历程中文学发展演变的结果。

4. 略

实践笃行

第 一 站

汉字	试着"画"一下古文字	你的解说	林西莉的解说
天			与"人"和"大"字有密切关系的是"天"字。后来也指苍天,自然界万物和人类世界的最高主宰者。甲骨文中的"天"字头是方的,或者是一道,而金文则更写实,一个大人,长着健壮的圆脑袋。
华			"华"的意思是繁华、光华、伟大,也是"中国"的意思。这个字被认为是一朵花的形象,但是20世纪50年代文字改革以后人们已经看不出这个特征。
行			"行"字是指十字路口,在甲骨文和金文中很清楚,就像城市规划图一样。它还可以组成"执行""进行""旅行"等词。就旅行的道路而言,中国人很早就很"行"。被李希霍芬称为"丝绸之路"的从中国到地中海的漫长的通商大道尽人皆知,而中国建立的第一个日常使用的道路网络知道的人就比较少。那种道路先于波斯人和罗马人,比以修建道路而著称的印加人早两千年。
竹			按照通常的解释,"竹"字表示带有低垂叶子的两个竹枝;按照另一种解释,那是两组单片叶子。对我们来说后一种解释更能令人信服,特别是考虑到竹叶实际生长的情况。竹子不仅仅关系到画家、书法家和哲学家,它在很大程度上是中国日常生活的一部分。
鼓			商代苍劲的"鼓"字我们在一大批甲骨文卜辞中都能看到。它根据蒙着鼓皮的圆形短面或长面创造。最早这个字还有一只持着木棍或鼓槌的手,好像正准备敲打,以便让沉重的鼓声响彻整个平原上空。我们在汉代墓雕中也能看到鼓,这些墓雕是表现为帝王和国家举行的各种庆典仪式。有很多鼓饰有一米高的羽毛,还有些鼓饰有羽毛类的花冠。

第 二 站

略

第 三 站

(1) 林译全部选用单音节词,押头韵,且词语的选用层层递进,可谓独具匠心。"dim"和"dark"表明天色已晚,"dense"和"dull"展现了浓重不化、寻觅不得的忧愁和失落,继而"damp"和"dank"渲染阴冷凄苦的氛围,最后"dead"推向高潮,体现了词人绝望无助,凄凉痛苦的内心。译文言语简练,内涵丰富。

(2) 杨译用七个形容词对应七对叠字,生动形象地展现了词人情感的变化,由表及里,层层深入。

(3) 徐译另辟蹊径,将词诗歌化,但句子偏长,显得不够简短。而且翻译得过于直白,失去了原词的意境。

(4) 许译增加了主语,点明了寻觅之物是"what I miss",似乎过于直白,少了原词的委婉朦胧之感。译者韵脚的选择十分用心,"miss"与汉语"觅"音似,"cheer"与"戚"相似。

第 四 站

版 本	网络译本	我的点评	我的翻译
现代诗版	你说你喜欢雨, 但是下雨的时候你却撑开了伞; 你说你喜欢阳光, 但当阳光播撒的时候, 你却躲在阴凉之地; 你说你喜欢风, 但清风扑面的时候, 你却关上了窗户。 我害怕你对我也是如此之爱。		
《诗经》版	子言慕雨,启伞避之。 子言好阳,寻荫拒之。 子言喜风,阖户离之。 子言偕老,吾所畏之。		
《离骚》版	君乐雨兮启伞枝, 君乐昼兮林蔽日, 君乐风兮栏帐起, 君乐吾兮吾心噬。		

知 识 附 录

(续表)

版　本	网　络　译　本	我的点评	我的翻译
五言古诗版	恋雨偏打伞,爱阳却遮凉。 风来掩窗扉,叶公惊龙王。 片言只语短,相思缱绻长。 郎君说爱我,不敢细思量。		
七言古诗版	江南三月雨微茫,罗伞叠烟湿幽香。 夏日微醺正可人,却傍佳木趁荫凉。 霜风清和更初霁,轻蹙蛾眉锁朱窗。 怜卿一片相思意,犹恐流年拆鸳鸯。		

锦心绣口

应世致用

"鸡年"的"鸡"到底是哪一只？Rooster, Hen, 还是 Chicken？

鼠	Rat(不是 mouse)	牛	Ox(不是 cow / beef)	虎	Tiger
兔	Rabbit	龙	Dragon(不是 dinosaur)	蛇	Snake
马	Horse	羊	Goat(不是 sheep)	猴	Monkey
鸡	Rooster	狗	Dog	猪	Pig

你喜欢怎样的"自由与爱情"

【提示】版本一用了现代诗歌的译法,形式自由,忠于原文,明白晓畅;版本二用了古典诗歌的译法,句式整齐,音韵和谐,更易为中国读者所接受,因而在中国流传也更广。

我来给首相当翻译

我要给所有在中国,英国以及世界各地庆祝中国新年的朋友送去新年的祝福。

从北京的庙会,香港的焰火到伦敦的庆祝游行,家庭和社区都在举行各种庆祝活动,展望新年——中国鸡年。尤其对中英关系来说,将会是多么令人期盼的一年。

中英关系的起点比任何时间都要牢固。15月前习主席对英国进行国事访问。我们

接受的来自中国的投资比任何欧盟国家接受的来自中国的投资都多。有 15 万中国学生在英国学习,来自中国的游客过去五年翻了一番。同时,中英两国作为联合国常任理事国,正在通力合作,共同处理很多紧迫问题。

2017 年有着特别的纪念意义:香港移交中国政府 20 周年,中英建立大使级关系 45 周年。我想借此机会加强我们两国在商业、外交、教育、旅游及文化方面的合作,把英国打造成开放的,贸易自由的新角色。

事实上,上次杭州 G20 峰会是我第一次以英国首相身份到欧洲之外进行访问,也是第一次和习主席见面。我期盼能再一次去中国访问。鸡年是个吉祥的年份。公鸡——火红的公鸡,代表着开放、自信、勤劳、领导能力,这些特质都是我们共同需要的,两国人民对这些都不陌生。实际上,在英国的中国人在日常生活中已经展现了这些优秀的品质。

华人社区对我们的社会作出了巨大贡献,再次证明了一个国家的强盛来自国民对社会的贡献,文化多样化和深厚的公民精神。

灯笼已经点亮,水饺已经煮好,在此我祝你们及全家新年快乐,身体健康。

新年快乐!

(翻译:他乡遇故知)

"苹果式中文",你怎么看?

"苹果式中文"是指苹果中国官网极具苹果公司特色的中文广告文案。"苹果式中文"像苹果公司的产品一样具有"极简"风格,喜用重复、排比、对比、双关等修辞手法,其措词与语法又往往与汉语通常的用法不同。在以汉语为母语的人看来,"苹果式中文"让人很"陌生",像是一个正在学说中文的外国人说出来的话,有很浓的翻译腔,甚至有语病。不过,也正是这种"陌生化",让人记住了苹果公司的广告,记住了苹果公司的产品,成功地达到了营销的目的。

互动对话

"报告"口语活动

答案略

知识附录

自我评估

一、中西文化知多少(80分)

1.(1)诗1—图4—复活节,诗2—图1—圣诞节,诗3—图3—万圣节,诗4—图2—感恩节,诗5—图5—独立日。

(2)①⑤③④②

(3)复活节:兔子、鲜花(百合)

圣诞节:苹果、袜子

万圣节:南瓜、骷髅、蜘蛛

感恩节:南瓜饼

独立日:帽子

2. D　3. AC

4. 罗密欧/柳梦梅/朱丽叶误以为罗密欧死去,殉情而死/杜丽娘因无法实现爱情而郁郁而终之后,鬼魂遇到柳梦梅而还魂为人

5. 屈原/道家思想/儒家思想/儒道互补/《故事新编》/陀思妥耶夫斯基

6.(1)贞洁、为善之心、妄念、翁、公子

(2)贞洁可能受到儒教女性贞操观的影响,即使是茶花女那样的身份,也无法逃脱这样的取向;为善之心和妄念可能受到佛教善恶观、心修等观念的影响,林纾认为泯灭爱欲是善的,因为爱欲是妄念。

7.(1)陶渊明在第一首诗中写他"性本爱丘山",三十年来被尘世的樊笼束缚了潇洒放旷、亲近田园的本性,体现出道家无为避世的理想。但在第二首诗中,也写他少壮之时"猛志逸四海",又表现出他想要入世有为之心,甚至为自己多年来一事无成而感到忧虑恐惧。反映出儒家入世和道家出世的矛盾。

(2)为政清廉,不愿谄媚上级,故而辞官归隐。所以他走向田园是为了坚持自己的为政理想,但又发现与世道潮流相悖,为了不与世俗同流合污,故而选择出世。他说自己本性眷恋自然,故而在"误入"尘网三十年后终于复归自然,其实是在入世受挫之后,不得

不作出的选择。

(3) 陶渊明的救赎所指的是儒道互补的精神结构。回答道家逍遥出世的思想亦可。劝慰的话：略。

主要考查学生对于儒道互补这一精神结构的理解。

评分标准	
11—15分	揭示出在陶渊明恬淡自任的生活态度背后，对于黑暗世道和自己不能改变世道的失望才构成他人生的底色。道家的归隐是他济世失败之后退而求其次的生活方式。故他的"劝慰"，其实更多的是同荷尔德林的共鸣。
6—10分	能活用材料，对中国传统知识分子儒道互补的精神结构有一定的理解。看到道家思想为中国知识分子提供了一条超越苦难的精神之路，使他们面对失意人生或不公世道时，可以免于西方诗人那样发疯或者自杀的命运。
0—5分	只是对于陶渊明的两首诗歌以及《晋书·陶潜传》内容的简单翻译或归纳。

二、中西文化比一比(70分)

1. 西方文学：A（选自莎士比亚的剧本《哈姆雷特》）B（选自哈代的小说《德伯家的苔丝》）D（选自艾德蒙·斯宾塞的诗歌《美啊，我的恋人》）F（选自彭斯的诗歌《一朵红红的玫瑰》）

中国文学：C（选自余光中诗歌《等你，在雨中》）E（选自沈从文散文《辰河小船上的水手》）

2. (1) 时间观，公共场合的音量

(2) 我的点评：我们传统文化比较强调"弱化自我""服从集体"，所以"自我"这个词在很多人的字典里是没有的，我们在人群中、家庭里隐忍、包容，往往忽略了自我感受和自我需求，我们"对得起全世界"，却"唯独对不起自己"。这种弱化自我的现象其实有一些弊端，不宜大力提倡。相比较，外国人的"自我"意识比较强，比较关注自身需求和自我价值的实现，这一点值得我们反思和改进。

3. (1) 端午期间接近夏至，潮湿多雨、毒虫滋生，人很容易生病。因此中国古人出于保健、避疫的目的，以菖蒲宝剑，以艾草作为鞭子，以蒜头作为锤子——端午三友，认为可以退蛇、虫、疾病，斩妖除魔习俗。所以日本男孩以菖蒲为剑玩耍直至端午成为男孩节，是受中国端午的影响。此外，鲤鱼旗的寓意也与中国"鲤鱼跳龙门"的典故有关，关西人民吃粽子的习俗更是来源于中国。

（2）不相同。中国端午节的中心文化含义在很大程度上是纪念屈原。其次中国的端午节习俗多数和卫生保健、预防疾病有关。而日本的端午节把屈原的文化内涵排除出去了，经过改造成了表达尚武观念和祈求孩童健康成长的节日。

4.（1）《孙子兵法》、兵马俑、李小龙、奇花异草、姚明、拉萨

（2）可答相同，也可答不同。若答相同，主要从外国人眼中的"中国符号"比较有代表性，能够体现中国文化的特征等方面作答。若答不同，可从这些符号相对比较"刻板"，年代久远的比较多，缺少时代感，浮于表面，不能代表发展前进的中国等方面作答。

三、中西文化来融会（50分）

1. 评分标准：

	一类	二类	三类	四类
时空概念	准确把握西方戏剧的时空特点（故事发生在集中的时间和地方）	较准确地把握西方戏剧的时空特点（故事发生在较为集中的时间和地点）	基本把握西方戏剧的时空特点（故事发生的时间和地点不太集中）	不能把握西方戏剧的时空特点（故事发生的时间和地点非常分散）
矛盾设置	有激烈的矛盾冲突	有较为激烈的矛盾冲突	有一定的矛盾冲突	没有矛盾冲突
人物塑造	人物形象鲜明生动，有能揭示人物个性的细节，能充分地展现特定情境下人物的内心世界	人物形象较为鲜明生动，能较好地展现特定情境下人物的内心世界	人物形象不鲜明生动，但可以看得出人物的性格特点，能展现特定情境下人物的内心世界	不能完成人物塑造，看不出人物性格，不能展现特定情境下人物的内心世界
语言表达	语言流畅有文采，符合人物身份与性格	语言流畅，基本符合人物身份与性格	语言通顺，没有语病	语言不通顺，时有语病
风格把握	充分体现西方戏剧写实、拟真的特点，和直白热烈的抒情特点	较充分地体现西方戏剧写实、拟真的特点，和直白热烈的抒情特点	基本体现西方戏剧写实、拟真的特点，和直白热烈的抒情特点	不能体现西方戏剧写实、拟真的特点，和直白热烈的抒情特点

3. 略

推荐书目

1. 余秋雨《世界戏剧学》，长江文艺出版社 2013 年版。

推荐语：本书原名《戏剧理论史稿》，修订后改名为《世界戏剧学》，完整阐释了世界各国自远古至现代的文化发展和戏剧思想。内容专业性强，语言通俗易懂、有文采，受到读者高度评价，曾被包括台湾、香港、新加坡的一些大学在内的很多高等学府作为教材使用，并在 1992 年荣获"文化部全国优秀教材一等奖"。

2. 陀思妥耶夫斯基《罪与罚》，岳霖译，上海译文出版社 2006 年版。

推荐语：俄罗斯作家陀思妥耶夫斯基是世界文坛的一座高山。《罪与罚》作为他的代表作，向我们展示了他为苦难探寻救赎出路的一场精神实验。

3. 李奭学《得意忘言》，生活·读书·新知三联书店 2007 年版。

推荐理由：作为一个译者、译学研究者，更作为一个往来中西而真切感受不同文化的实践者，李奭学向我们呈现了译事的文本内外，旧典新说，努力和徒劳……翻译与文化的各种遭遇，都能在此书瞥到。

4. [美] Larry A. Samovar　Richard E. Porter　Edwin R. McDaniel《跨文化传播》，闵惠泉，贺文发，徐培喜.等译，中国人民大学出版社 2013 年版。

推荐语：在全球化、网络化的当下，人类面临的最大挑战是什么？跨文化传播与交流。本书是跨文化传播与交流领域的经典之作，在美国多次修订再版。阅读本书，不仅可以让你了解跨文化传播与交流的基本理论和应对技巧，更可能改变你与世界交往的方式。

5. [美] 费正清《美国与中国》，张理京译，世界知识出版社 1999 年版。

推荐语：全世界最负盛名的中国问题观察家，全世界最重量级的两大国家，这两者相遇，会创造出怎样的学术奇迹？本书极具史学性与可读性，将成为你探究中美关系的最佳门径。

6. 朱子仪《西方的节日》，上海人民出版社 2005 年版。

推荐语：本书介绍了 23 个西方节日，从节日的来源、内涵到历史演变和庆祝方式一

知识附录

应俱全。与同类书籍不同的是,它会推荐给你与每个节日有关的文学艺术作品,并提供了适当导读,以此来拓展你的阅读广度,从一本作品延伸到更多更丰富的阅读领域。彩页设计和大量图片的插入,也使阅读更为直观形象。

7. 胡波、胡全《循环与守望——中国传统节日文化诠释与解读》,广东人民出版社2015年版。

推荐语:作者精心选取了10个最具中国本土特色的节日进行深入的文化解读,以大量文献为支撑,又精选了不少对应的诗词丰富作品内涵,增加审美趣味。是一本值得细品的好书。

8. [美]史景迁《前朝梦忆:张岱的浮华与苍凉》,温洽溢译,广西师范大学出版社2010年版。

推荐语:史景迁以他的生花妙笔,将错综复杂的人物与史实,用"讲故事"的方式呈现出来,既有严谨的历史考证,又有细致的情境再现。史景迁的作品雅俗共赏,兼顾学术性与可读性,是西方了解中国的一扇窗,也为中国读者提供了一个新的视角。

9. [美]宇文所安《盛唐诗》,贾晋华译,生活·读书·新知三联书店2004年版。

推荐语:宇文所安对盛唐诗人和他们的作品作了细读,他的细读与我们传统的诗歌解读不同,不仅有知人论世,也有音韵、句读、修辞的角度入手,既重体验,也重思辨。这种基于不同文化背景和价值观的解读,将带给我们全新的阅读体验。

后　记

《聊斋志异》里有个"西僧"的故事。有僧人从西域而来,怀揣对东土的梦想:"相传山上遍地皆黄金,观音文殊犹生。能至其处,则身便是佛,长生不死。"一路千难万阻,过火焰山、流沙河,十八年才走到,出发时有十二人,到中国时只剩下两个。蒲松龄笑他们,这就好比我们对西域的极致想象,"倘有西游人,与东渡者中途相值,各述所有,当必相视失笑,两免跋涉矣"。

然而,就沟通异国文化而言,我们想要成为的,就是这样行为笨拙但心意坚定的西游人或东渡者——故乡和他乡的文化各有各的颠倒梦想,在经由文字呈现的某个节点,看到彼此似曾相识又并不全然相同的面相——在我们这个"跨文化专题研讨"的旅程中,没有比"相遇"更合适的形容了。

"生而赴死"的朱丽叶遇到"死而复生"的杜丽娘,"因价值毁灭而走投无路"的西方诗人遇到能在信仰危机时寻找"安居立命的精神故土"的中国诗人,漫步巴黎的茶花女遇到读惯了古代经典和文言小说的译者,无法沟通、讲究证据的美国法庭遇到将刮痧视为理所当然的中国移民家庭,拥有不同前见的外媒遇到纷繁复杂的中国事件,基于宗教信仰的圣诞节遇到从不口诵基督的国人,西方汉学家遇到千百年前的中国古典风流……人类之美在于我们共享着很多母题,更在于我们用不同的方式来表情、书写和行动。

真正自信于自己或者本国的人,能对另一种风景持有"同情之理解,理解之同情"。这不是妥协和求全,而是更温柔宽怀的人性。

立足浩漫的民族布景前,跨越国土之间的深渊,我们可以比以往更清楚地看见彼岸的奇异世界,也更清楚地看到映照在上面的自身。

愿我们能在这个专题的学习中体验到突围本体文化的艰难与欣喜,也愿我们在将来的无数日子、无数场合,将这场文化的突围继续下去。

关于本书版权事宜的启事

收入本书的文章已获得大部分作者的授权,但还有部分作者没能联系上。请您看到本书后与上海教育出版社联系,我们将寄上样书和稿酬。

图书在版编目(CIP)数据

美美与共:跨文化专题研讨/顾乐波主编.—上海:上海教育出版社,2022.7
(新课标 新语文 新学习/褚树荣主编)
ISBN 978-7-5444-8217-2

Ⅰ.①美… Ⅱ.①顾… Ⅲ.①阅读课—教学研究—高中 Ⅳ.① G633.332

中国版本图书馆 CIP 数据核字(2018)第 055364 号

新课标 新语文 新学习
美美与共:跨文化专题研讨
褚树荣 丛书主编
顾乐波 本册主编

出版发行	上海教育出版社有限公司
官　　网	www.seph.com.cn
地　　址	上海市闵行区号景路159弄C座
邮　　编	201101
印　　刷	上海展强印刷有限公司
开　　本	787×1092　1/16　印张 13.75
字　　数	220 千字
版　　次	2018 年 4 月第 1 版
印　　次	2022 年 7 月第 2 次印刷
书　　号	ISBN 978-7-5444-8217-2/G·6800
定　　价	35.00 元

如发生质量问题,请向本社调换　电话 021-64373213